सूर्यकान्त त्रिपाठी 'निराला'

निराला का जन्म वसंत पंचमी, 1896 को बंगाल के मेदिनीपुर जिले के महिषादल नामक देशी राज्य में हुआ। निवास उत्तर प्रदेश के उन्नाव जिले के गढ़ा कोला गाँव में। शिक्षा हाईस्कूल तक ही हो पाई, हिन्दी, बांग्ला, अंग्रेजी और संस्कृत का ज्ञान आपने अपने अध्यवसाय से स्वतंत्र रूप में अर्जित किया।

प्रायः 1918 से 1922 ई. तक निराला महिषादल राज्य की सेवा में रहे, उसके बाद से सम्पादन, स्वतन्त्र लेखन और अनुवाद-कार्य। 1922-23 ई. में 'समन्वय' (कलकत्ता) का सम्पादन। 1923 ई. के अगस्त से 'मतवाला'-मंडल में। कलकत्ता छोड़ा तो लखनऊ आए, जहाँ गंगा पुस्तकमाला कार्यालय और वहाँ से निकलनेवाली मासिक पत्रिका 'सुधा' से 1935 ई. के मध्य तक सम्बद्ध रहे। प्रायः 1940 ई. तक लखनऊ में। 1942-43 ई. से स्थायी रूप से इलाहाबाद में रहकर मृत्यु-पर्यंत स्वतन्त्र लेखन और अनुवाद कार्य। पहली प्रकाशित कविता : 'जन्मभूमि' ('प्रभा', मासिक, कानपुर, जून 1920)। पहली प्रकाशित पुस्तक : 'अनामिका' (1923 ई.)।

प्रमुख कृतियाँ

कविता-संग्रह : अनामिका, आराधना, गीतिका, अपरा, परिमल, गीतगुंज, तुलसीदास, कुकुरमुत्ता, बेला, अर्चना, नए पत्ते, अणिमा, रागविराग, सांध्य काकली, असंकलित रचनाएँ। ***उपन्यास :*** बिल्लेसुर बकरिहा, अप्सरा, अलका, कुल्लीभाट, प्रभावती, निरुपमा, चोटी की पकड़, भक्त ध्रुव, भक्त प्रहलाद, महाराणा प्रताप, भीष्म पितामह, चमेली, काले कारनामे, इन्दुलेखा (अपूर्ण)। ***कहानी-संग्रह :*** सुकुल की बीवी, लिली, चतुरी चमार, महाभारत, सम्पूर्ण कहानियाँ। ***निबन्ध-संग्रह :*** प्रबन्ध प्रतिमा, प्रबन्ध पद्म, चयन, चाबुक, संग्रह; ***बाल रचना :*** सम्पूर्ण बाल रचनाएँ। ***संचयन :*** दो शरण, निराला संचयन (सं. दूधनाथ सिंह), निराला रचनावली।

निधन : 15 अक्तूबर, 1961

अलका

सूर्यकान्त त्रिपाठी 'निराला'

राजकमल पेपरबैक्स

पहला पुस्तकालय संस्करण
गंगा पुस्तक माला कार्यालय, लखनऊ द्वारा
1933 में प्रकाशित

राजकमल पेपरबैक्स में
पहला संस्करण : 2007
छठा संस्करण : 2025

राजकमल पेपरबैक्स : उत्कृष्ट साहित्य के जनसुलभ संस्करण

राजकमल प्रकाशन प्रा.लि.
1-बी, नेताजी सुभाष मार्ग, दरियागंज
नई दिल्ली-110 002
द्वारा प्रकाशित

शाखाएँ : अशोक राजपथ, साइंस कॉलेज के सामने, पटना-800 006
पहली मंजिल, दरबारी बिल्डिंग, महात्मा गांधी मार्ग, प्रयागराज-211 001
1, अनमोल सोराबजी सन्तुक लेन, धोबी तलाव, मरीन लाइंस, मुम्बई-400 002

वेबसाइट : www.rajkamalprakashan.com
ई-मेल : info@rajkamalprakashan.com

बी.के. ऑफसेट
नवीन शाहदरा, दिल्ली-110 032
द्वारा मुद्रित

मूल्य : ₹ 199

ALKA
Novel by Suryakant Tripathi 'Nirala'

ISBN : 978-81-267-1373-8

हार

जिस 'अलका' पर सावित्री की पूरी-पूरी छाया पड़ी है, आर्य-सभ्यता से उत्कर्षोज्ज्वल मित्रवर श्री नन्ददुलारे वाजपेयी, एम. ए. उसे उसी दृष्टि से देखें।

—**'निराला'**

वेदना

मेरे जिन प्रिय पाठकों ने 'अप्सरा' को पढ़कर साहित्य के सिर बराबर वैसी ही बिजली गिराते रहने की मुझे अनुपम सलाह दी, या जिन्होंने 'अप्सरा' को चुपचाप हृदय में रखकर मेरी तरफ से आँखें फेर लीं, अथवा जिन्हें 'अप्सरा' द्वारा पहले-पहल इस साहित्य के मुख पर मन्द-मन्द प्रणय-हास मिला, मुझे विश्वास है, वे 'अलका' को पाकर विरही यक्ष की तरह प्रसन्न होंगे, और अंडे तोड़कर निकलने से पहले, खड़खड़ाते हुए जिन्होंने मुझ पर आवाजें कसीं, वे एक बार देखें, उनके सम्राटों द्वारा अनधिकृत साहित्य की स्वर्ग-भूमि में मैंने कितने हीरे-मोती उन्हें दान में दिए।

मुझे आशा है, हिन्दी के पाठक, साहित्यिक और आलोचक 'अलका' को अलकों के अन्धकार में न छिपाकर उसकी आँखों का प्रकाश देखेंगे कि हिन्दी के नवीन पथ से वह कितनी दूर तक परिचय कर सकी है।

घटनाओं में सत्य होने के कारण स्थानों के नाम कहीं-कहीं नहीं दिए गए। मुझे इससे उपन्यास-तत्त्व की हानि नहीं दिखाई पड़ी।

लखनऊ
1-6-33

—'निराला'

एक

महासमर का अन्त हो गया है, भारत में महाव्याधि फैली हुई है। एकाएक महासमर की जहरीली गैस ने भारत को घर के धुएँ की तरह घेर लिया है, चारों ओर त्राहि-त्राहि, हाय-हाय—विदेशों से, भिन्न प्रान्तों से, जितने यात्री रेल से रवाना हो रहे हैं, सब अपने घरवालों की अचानक बीमारी का हाल पाकर। युक्त-प्रान्त में इसका और भी प्रकोप; गंगा, यमुना, सरयू, बेतवा, बड़ी बड़ी नदियों में लाशों के मारे जल का प्रवाह रुक गया है। गंगा का जल, जो कभी खराब नहीं हुआ, जिसे माहात्म्य में कहा जाता था, दूसरा जल रख देने पर कीड़े पड़ जाते हैं, पर गंगा के जल में यह कल्मष नहीं मिलता, वह भी पीने के बिलकुल अयोग्य बतलाया गया। परीक्षा कर डॉक्टरों ने कहा—एक सेर जल में आठवाँ हिस्सा सड़ा मांस और भेद है। गंगा के दोनों ओर दो-दो और तीन-तीन कोस पर जो घाट हैं, उनमें एक-एक दिन में, दो-दो हजार तक लाशें पहुँचती हैं। जलमय दोनों किनारे शवों से ठसे हुए, बीच में प्रवाह की बहुत ही क्षीण रेखा; घोर दुर्गंध, दोनों ओर एक-एक मील तक रहा नहीं जाता।

जल-जन्तु, कुत्ते, गीध, सियार लाश छूते तक नहीं। नदियों से दूरवाले देशों में लोगों ने कुओं में लाशें डाल-डाल दीं। मकान-के-मकान खाली हो गए। एक परिवार के दस आदमियों में दसों के प्राण निकल गए। कहीं-कहीं घरों में ही लाशें सड़ती रहीं। वैद्य और डॉक्टरों को रोग की पहचान भी न हुई। यह सब नृशंस महामृत्यु-ताण्डव पन्द्रह दिनों के अन्दर हो गया। भारत के साठ आख आदमी काम आए।

इसी समय सरकारी कर्मचारियों ने घोषणा की, सरकार ने जंग फतह की है, आनन्द मनाओ; सब लोग अपने-अपने दरवाजे पर दीये जलाकर रखें। पति के शोक में सद्यःविधवा, पुत्र के शोक में दीर्ण माता, भाई के दुःख में मुरझाई बहन और पिता के प्रयाण से दुखी असहाय बाल-विधवाओं ने दूसरी विपत्ति की शंका कर काँपते हुए शीर्ण हाथों से दीये जला-जलाकर द्वार पर रखे और घरों के भीतर दुःख से उभड़-उभड़कर रोने लगीं। पुलिस घूम-घूमकर देखने लगी--किस घर में शान्ति का चिह्न, रोशनी नहीं।

जब घर में थी, शोभा के पिता का देहान्त हुआ, तो गाँव का कोई नहीं गया। सब अपनी खे रहे थे। उस समय जिलेदार महादेवप्रसाद ने मदद की। उसके पिता की लाश गाड़ी पर गंगा ले गए। मन-ही-मन शोभा कृतज्ञ हो गई—कितने अच्छे आदमी हैं यह ! दूसरे का दुःख कितना देखते हैं !

इसके बाद उसकी माता बीमार पड़ी। तब उन्हें युवती कन्या की रक्षा के लिए चिन्ता हुई। यदि उनके भी प्राण निकल जाएँ, तो शोभा का क्या होगा, यह विचारकर उन्होंने विजय तथा ससुराल को पत्र लिखने के लिए शोभा से कहा। विजय शोभा का पति है। अभी तक उसने पति को पत्र नहीं लिखा। कभी चार आँखों की एक पहचान होने का अवसर नहीं मिला। वह कैसे हैं, वह नहीं जानती। फिर क्या लिखे ? बैठी सोचती रही कि दुःख-भरे स्नेह के कुछ कठोर स्वर से कर्त्तव्य का ज्ञान दे। बिस्तरे से माता ने फिर कहा। स्वर पर बजने के लिए उँगली की तरह उठकर शोभा कागज, कलम और दावात लेने चली। दुःख में भी अज्ञात कोई हृदय के निर्मल, शुभ्र आकाश में अपरिमित सुख, सौरभ भरने लगा, अज्ञात मुँदी हुई जैसे कोई कली इस आदेश-मात्र से खुल गई, और अपना लेश-मात्र

सौरभ अब नहीं रखना चाहती। दावात, कलम और कागज ले आ सरल चितवन निष्कलंक पंकजा ने माता से पूछा, क्या लिखूँ अम्मा ? घर का सब हाल और ऐसी दशा में तुम्हें ले जाना अत्यन्त आवश्यक है, लिख दो, माता ने कहा। ससुराल को मेरे नाम लिख देना, आपकी समधिन कहती हैं, इस तरह।

किसे किस तरह पत्र लिखना चाहिए, इतना शोभा को मालूम था। चिट्ठी लिखने की किताब पढ़ने से जैसे संस्कार बन गए थे, वैसे ही, दाब के दबाव में लिख गई, 'प्रिय', परन्तु फिर उस शब्द को मन-ही-मन हँसकर, न जाने क्या सोचकर, लजाकर काट दिया। फिर लिखा, 'महाशय', पर शब्द जैसे एक सुई हो, कोमल हृदय को चुभने लगा। फिर बड़ी देर तक सोचती रही। कुछ निश्चय नहीं हो रहा था। एकाएक भीतर की संचित सम्पूर्ण श्रद्धा पत्र लिखने की पीड़ा के भीतर से निकल पड़ी और उसने लिखा, 'देव', फिर नहीं काटा। मन को विशेष आपत्ति नहीं हुई। देवतों ने जैसे भय, बाधा, विघ्न दूर कर दिए। दूसरा भी लिखा। पत्र पूरे कर माता को सुनाने के लिए पूछा। माता ने कहा, क्या आवश्यक है, मतलब सब लिख ही गया होगा, अपने हाथ डाकखाने में छोड़ आओ। पत्र लिफाफे में भरकर, पता लिखकर डाकखाने छोड़ने चली। आँचल में दुनिया की दृष्टि से दूर अपने मनोभावों का प्रमाण छिपा लिया। पत्र में वह अपने अलख सखा को, हृदय के सर्वस्व को कुछ भी नहीं दे सकी, एक भी बात ऐसी नहीं, जो वह अपनी माता के सामने न पढ़ सकती, सिवा इसके कि मुझे जल्द आकर ले जाइए, अम्मा को मेरी तरफ से घबराहट है। पर फिर भी उसका हृदय कह रहा था कि उसने अपना सबकुछ दे दिया है। लाज की पुलकित पुतलियों से इधर-उधर देख, अपने प्रिय संशय को प्रमाण में परिणत होते हुए न पा, पत्रों को आँचल से बाहर कर चिट्ठीवाले बॉक्स में डाल दिया, और अचपल मन्द-मृदु-चरण-क्षेप मूर्तिमती महिमा-सी, अनावृत्त-मुख बढ़ती हुई माता के पास लौट आई। दूसरे दिन चलते हुए तूफान का एक झोंका और लगा, माया का कंठ कफ से फेफड़े जकड़ जाने पर रुँध गया, देखते-देखते पुतलियाँ पलट गईं। उनका देहान्त हो गया, वह छाँह की एकमात्र शाखा भी टूटकर भूलुंठित हो गई। अब संसार में कुछ भी उसकी दृष्टि में परिचित नहीं। इस एकाएक प्रहार से

स्तब्ध हो गई। संसार में कोई है, संसार में उसकी रक्षा कौन करेगा, कुछ खयाल नहीं, जैसे केवल एक तसवीर निष्फलक खड़ी हो, समय आप आता, आप चला जाता है, समय का कोई ज्ञान नहीं। जैसे किसी निष्ठुर पति ने बिना पाप ही अभिशाप दे प्राणों की कोमल, रूपवती तरुणी को प्रस्तर की अहल्या बना दिया हो ! महादेव कब से आया हुआ खड़ा है, उसे इसका ज्ञान नहीं। उसे उस हालत में खड़ी हुई देख महादेव के हृदय में एक बार सहानुभूति पैदा हो गई। पर उसे तरक्की करनी है, दुनिया इसी तरह उत्थान के चरम सोपान पर पहुँची है। वह गरीब है, इसीलिए अमीरों के तलवे चाटता है, उसके भी बच्चे हैं—उन्हें भी आदमी करना है, लड़कियों की शादी में तीन-तीन, चार-चार और पाँच-पाँच हजार का सवाल हल करना है, इतना धर्म का रास्ता देखने पर यह संसार की मंजिल वह कैसे तय करेगा ?

"शोभा !" महादेव ने आवाज दी। शोभा होश में आई। "अब चलो, प्यारेलाल के यहाँ तुम्हें रख आवें। कोठरियों में ताले लगा दें, दो कुंजियों का गुच्छा ले आओ, ताले कहाँ हैं ? क्या किया जाए बेटी, इस वक्त दुनिया पर यही आफत है; फिर तुम्हारी माँ को गंगाजी पहुँचाने का बन्दोबस्त करें।"

माता का नाम सुनकर, स्वप्न देखकर जगी-सी होश में आ मृत माता पर उसी की एक छोटी क्षीण लता-सी लिपट गई। अब तक सहानुभूति दिखलानेवाला कोई नहीं था, इसलिए तमाम प्रवाह आँसुओं के वाष्पाकार हृदय में टुकड़े-टुकड़े फैले हुए एकत्र हो रहे थे। स्नेह के शीतल समीर से एकाकार गलकर सहस्र-सहस्र उच्छ्वासों से अजस्र वर्षा करने लगे। महादेव स्वयं जाकर प्यारेलाल तथा उसकी स्त्री को बुला लाया। जमींदार के डेरे का नौकर गाड़ी साजकर ले चला। कुछ और लोग भी इस महाविपत्ति में सहानुभूति दिखलाना धर्म है, ऐसा विचार कर आए। शोभा को माता से हटा, कोठियों में सबके सामने ताले लगाकर प्यारेलाल ने कुंजी महादेव को दे दी। प्यारेलाल की स्त्री शोभा को अपने साथ ले गई। उसके घर का कुल सामान एक पुर्जे में लिखकर, डेरे भिजवा महादेव उसकी माँ की लाश गंगाजी ले गया। तमाम रास्ता यही निर्णय रहा कि शोभा को किसी तरह मुरलीधर के हवाले कर पाँच-छह हजार की

रकम अपने हाथ लगाए। लौटकर शोभा की खुशखबरी मालिक को सुनाने के लिए सदर गया। शोभा के कह गया, उसकी ससुराल खबर देने जा रहा है। वहाँ की खबर जानकर उसे लौटकर ससुराल ले जाएगा। शोभा सोचती थी, कई दिन हो गए, वह क्यों नहीं आए ? उस घर में अच्छा न लगता था, जैसे वे आदमी बहुत दूर हों, इतने नजदीक रहकर भी उसके साथ नजदीक का कोई बर्ताव नहीं करते। रह-रहकर दुःख से गला भर आता है, पर रोती नहीं, दुःख और बढ़ता है।

शाम हो चुकी। घर-घर सरकार की विजय के दीपक जलने लगे। डेरे पर और प्यारेलाल के मकान में सब जगह से ज्यादा प्रकाश है। प्यारेलाल की स्त्री, लड़के, लड़कियाँ द्वार पर बैठे प्रसन्न आँखों से दीपक का प्रकाश देख रहे हैं। इसी समय शोभा की हम-उम्र गाँव की एक लड़की कहारों के भीतर गई। शोभा चिन्ता में डूबी हुई थी। लड़की ने धीरे से छू दिया। इसका नाम राधा है। इसकी माँ शोभा के यहाँ टहल करती थी, इसी इन्फ्ल्यूएंजा में गुजर गई है। राधा पड़ोस के एक कहार के यहाँ रहती थी। उसके शौहर को खबर कर दी गई थी। अब वह अपनी स्त्री को ले जाने के लिए आया है। सुबह वह चली जाएगी। शोभा से मिलने आई है।

फिर शोभा ने देखा, राधा है। राधा सटकर बैठ गई और उसके एक हाथ की मुट्ठी अपने दोनों हाथों में भर ली, और धीरे से, सतर्क होकर पूछा, "कोई है तो नहीं ?"

"न," शोभा सूखे आँसुओं की मुरझाई दृष्टि से देखकर बोली।

"कल मैं जाती हूँ। आए हैं। एक बात मालूम हुई। वह वहीं नौकर हैं, जिनसे यह गाँव है। उन्हें मालूम हुआ है, महादेव की कुल कारगुजारी झूठ, तुम्हें फँसाने के लिए है। वह आज वहाँ से मोटर लेकर आया है। ससुराल के बहाने रात को सबकी आँख बचा तुम्हें वहीं ले जाएगा। वहाँ किसी की इज्जत नहीं बचती। वह पूछते थे, इस गाँव में कोई शोभा है। मैंने कहा, हाँ। तब सारा हाल बतलाया। मैंने उन्हें समझाया कि हम लोग मेहनती आदमी हैं, जहाँ मेहनत करेंगे, वहीं कमाएँगे, खाएँगे। वहाँ की नौकरी आज ही से छोड़ दो। वह मान गए। कानपुर में मेरा देवर रहता है। कल तड़केवाली गाड़ी से हम लोग कानपुर जाएँगे। आदमियों का कुछ चलना-फिरना बन्द

होने पर महादेव तुम्हें ले जाने के लिए आवेगा। मोटर गाँव से कुछ दूर पर खड़ी है।''

एकाएक शोभा में सम्पूर्ण चेतना आ गई। मनहारिन की बात, उसका आशय क्या हो सकता है, राधा की बात से पूरा-पूरा प्रमाण मिल गया। घबराकर बोली, ''तो मुझे यहीं छोड़ जाएगी ?''

''नहीं, तुम्हें निकालने का रास्ता बतलाऊँगी। मैं साथ नहीं जा सकती। चाची ने मुझे देख लिया है। शक करेंगी, अगर तुम मेरे साथ न लौटीं। फिर लोग मुझे कहेंगे, कुछ कर दिया। वह यहीं हैं। पकड़े जाएँगे। इससे किशोरी को साथ लेकर देवी के दर्शन करने जाओ। लौटकर, उसे रास्ते पर खड़ी कर, वासुदेव बाबा के दर्शन का बहाना कर बगीचे जाना। फिर जल्द-जल्द बगीचे-बगीचे दूर निकल जाना। एक मील ठीक उत्तर जाने पर एक कच्ची सड़क मिलेगी। उसी सड़क-सड़क पाँच मील चलने के बाद दाहिने हाथ स्टेशन है, जो हमारे स्टेशन के बाद पड़ता है। कल पाँच बजे सवेरेवाली गाड़ी से हम लोग भी जाएँगे। दूसरे स्टेशन पर मिलना। उनसे कहकर मैं एक टिकट कटवा लूँगी, फिर तुम्हें कानपुर से तुम्हारी ससुराल भेजवा दूँगी। अच्छा, मैं जाती हूँ, किशोरी को भेज दूँ।''

मुस्कुराती हुई राधा बाहर निकली।

''क्या है राधा ?'' प्यारेलाल की स्त्री ने पूछा।

''कल जा रही हूँ चाची, शोभा दीदी से मिलने आई थी।''

''पाहुने लिवाने आए हैं ?'

मधुर, लजीली निगाह नीची कर राधा ने कहा, ''चाची, शोभा दीदी किशोरी को बुला रही हैं।''

''हुकुम के मारे नाक में दम हो गया। देखो तो किशोरी, क्या काम है !''

राधा धीरे-धीरे, चाची को अपने रास्ते की पहचान कराती हुई, सामनेवाली राह से हलवाइयों की दुकान के उजाले होकर, ठंडे भाड़ के किनारे भुजइन भौजी की बगल में बैठकर अपने जाने की बातचीत करने लगी, जैसे बिदा होने से पहले मिलने गई हो। घंटे-भर बाद, शोरगुल उठने पर, भुजइन, हलवाइन तथा पड़ोस की दूसरी स्त्रियों और लोगों के साथ मौके पर पहुँचकर शोभा के गायब होने पर सबके बराबर ताज्जुब दिखला, अपने निर्लिप्त रहने का मौन

प्रमाण देती, उखड़ती हुई जनता के साथ, सबके स्वर में स्वर मिलाकर कहती हुई कि पहले से कोई साधक-सिद्धवाला मामला रहा होगा, घर गई, और पति को चुभती चितवन से मन के समाचार दे, रस भरकर अपनी दोनों तरह की विजय समझा दी।

दो

बाबू मुरलीधर अवध के आकाश के एक सबसे चमकीले तारे हैं, जहाँ तक ऐश्वर्य की रोशनी से ताल्लुक है, यानी सबसे नामी ताल्लुकेदार। कहते हैं, कभी उनके दीपक में इतना तेल न था कि रात को उजाले में भोजन करते, बात उनके पूर्वजों पर है। उनके यहाँ शाम से पहले भोजन-पान समाप्त हो जाता था। यह विशाल सम्पत्ति उनके पितामह ने अँगरेज सरकार की तरफदारी कर प्राप्त की। गदर के समय बकरियों के बच्चे ढकनेवाले बड़े-बड़े झाबों के अन्दर बन्द कर कई मेम और साहबों को बागियों से उन्होंने बचाया था। फिर जब राय विजयबहादुर की फाँसी के समय, उनके महान् भक्त होने के कारण, तीन बार फाँसी की रस्सी कट-कट गई और गोरे बहुत घबराए, तब उनके गले में फाँसी लगने का उपाय उन्होंने बतलाया कि यह विष्णु के बड़े भक्त हैं, जब तक इनका धर्म नष्ट न होगा, इन्हें फाँसी नहीं लग सकती, इसलिए मुर्गी के अण्डे का छिलका इनकी देह से छुआ दिया जाए। साहबों ने ऐसा ही किया, तब फाँसी लगी। मुरलीधर के पितामह भगवानदास को अँगरेज सरकार ने इन

कार्यों का पुरस्कार हजार गाँव, साधारण लगान और दूसरे ताल्लुकेदारों के अनुकूल खास-खास शर्तों पर दिए, तब से इनका रात का दीया जला।

जब से मुरलीधर पैतृक सिंहासन पर अपने नाम की मुरली धारण कर बैठे, बराबर सनातन-प्रथा के अनुसार सरकारी अफसरों की सोहावनी सोहनी छेड़ते जा रहे हैं। पर अभी तक सरकारी अफसरों की सिफारिश से किसी प्रकार का पदवी-प्रसाद नहीं प्राप्त हुआ। पेट जितना भी भरा रहे, आशा कभी नहीं भरती। वह जीवों को कोई-न-कोई अप्राप्य, कुछ नहीं या केवल रंगों की माया का इन्द्रधनुष प्राप्त करने के मायावी दलदल में फँसा ही देती है। लक्ष्मी के वाहन प्रभूत प्रभुता की डाल पर बैठे हुए इन महाशय उलूक को इसी प्रकार रात में प्रभात देख पड़ा। उपाधि बिना उपाधि के नहीं मिलती। इन्होंने उपाधि-प्राप्ति के लिए उपाधि-वितरण शुरू किया। थोड़े ही दिनों के अध्यवसाय से इन्हें यथेष्ट परिज्ञान भी प्राप्त हुआ कि सरकारी अफसरों में शासक और शासन का भाव प्रबल होने के कारण मारण, मोहन, वशीकरण, उच्चाटन आदि विशेष प्रचलित हैं। अतः शक्ति के लोग उपासक हैं, और बाकायदा पंचमकार-साधन करते हैं। तब मुरलीधर ने भी केवल तान छेड़नेवाली मुरली छोड़ दी। मन और वाणी के बाद कर्म से सदुद्देश्य की सिद्धि के लिए लगे। विशाल सम्पत्ति के अधिकारी होने पर भी, सरकारी अफसरों के सिवा, मुरलीधर के पितामह से ऊँचे वंश के स्वजाति और विजातिवालों का खान-पान बन्द था। बराबरवाले भी बराबर नहीं बैठे। मुरलीधर के पिता का विवाह बड़ी नीच शाखा की लड़की से हुआ था, जिसके पिता ने लड़की देकर दारिद्र्य के हाथ निस्तार पाने का उपाय भी साथ-साथ सोचा था। मुरलीधर के पितामह के कृत्यों की इलाके में घर-घर चर्चा थी। बाहर भी यथेष्ट प्रभाव पड़ा था। इस वैमनस्य को दूर करने में मुरलीधर के पिता गिरधारीलाल ने ताल ठोंककर सफलता प्राप्त की। बात यह हुई कि उनके समय में आर्यसमाज का जोरों से अन्दोलन शुरू हुआ। हिन्दू-समाज की इमारत इस भूकम्प से बार-बार हिलने लगी। मूर्तियों के मृदुल पूजा-भावों पर बार-बार मामूद की-सी प्रखर तलवार के वार होने लगे। हिन्दू-जनता के मूर्ति-पूजन के भय को प्रश्रय देकर सनातन-समाज

की निष्ठा पर प्रतिष्ठित होने के विचार से उन्होंने यह मौका हाथ से न जाने दिया। देश-देशान्तरों से प्रकांड पंडित बुलवाकर एक विराट् सभा कराई। आर्यसमाज के पंडितों और प्रचारकों को भी निमन्त्रण भेजा। अपने इलाके से 'सत्य सनातन धर्म की जय' बोलने के लिए हजारों स्वयंसेवक भक्तों को एकत्र किया। विवाद के दिन आर्यसमाजी पंडितों के भाषण के समय पुनः-पुनः 'सनातन धर्म की जय' के नारे उठने लगे। भाषण नक्कारखाने में तूती की आवाज हो गए। सनातनी पंडितों के समय 'धन्य है, धन्य है' होने लगा। इसके लिए उन्होंने अपनी तरफ से एक डिक्टेटर नियुक्त कर रखा था। पश्चात् 'आर्यसमाज की जय हो' के अभिवादन के सभा समाप्त कराई। सत्यनारायणजी की कथा का प्रसाद बँटा। सनातनी पंडितों को मोटी-मोटी बिदाइयाँ मिलीं। जनता खुले दिल गिरधारीलाल के धर्म की तारीफ करने लगी। इस तरह प्राचीन कलंक नवीन धार्मिक उज्ज्वलता से धुलकर जनता के हृदय के तत्त्व से ही मिल गया। गिरधारीलाल ने अपनी महत्ता से अब समाज का गोवर्द्धन धारण कर लिया। उनकी इस उच्चता का उन्हें वांछित वर भी मिला। जमींदारों के लोगों के प्रत्येक प्रकार के ताप का भाप द्रवित हो-हो वहीं बरसने लगा और गिरधारीलाल गिरवर की ही तरह ऐश्वर्य के जल से भरते रहे। बढ़ा हुआ जल सनातन-प्रथा के नदी-पथ से बराबर सरकार के समुद्र की ओर बहता रहा। जमींदारी के लोग प्यास बुझाने के लिए बराबर पत्थर फोड़-फोड़कर कुएँ बनाते रहे।

पितामह ने सम्पत्ति प्राप्त की, पिता ने प्रतिष्ठा। अब मुरलीधर के लिए दुरूह दुर्ग कोई विजय के लिए रह गया, तो प्रतिष्ठा के अनुकूल खिताब। इनसे हैसियत के बहुत छोटे-छोटे ताल्लुकेदार अपने खिताब की शान में इनकी तरफ देखते भी नहीं। बातें करते हैं, जैसे दो मंजिलेवाला सड़कवाले से बोलता हो। यह सब उनके लिए, जिनके पास अधिक सम्पत्ति हो, सहन कर जाने की बात नहीं।

अफसरों को खुश कर पदवी प्राप्त करने का अचूक मन्त्र मुरलीधर को उनके सेक्रेटरी बाबू मोहनलाल ने दिया। मोहनलाल पहले कालवन स्कूल के शिक्षक थे। मुरलीधर जब पढ़ते थे, तभी शिक्षक की हैसियत से मन्त्र और मन्त्रणा देते हुए यह शिष्य के बहुत नजदीक आ गए थे। इसका मतलब लक्ष्मी ही से सामीप्य और

सायुज्य प्राप्त करना था, मुरलीधर को यह क्लास के पहले ही दिन से काठ का उल्लू समझते आ रहे हैं। माता के आन्तरिक स्नेह के कारण मुरलीधर को ज्ञान के सोपान तय करने का परिश्रम न करना पड़ता था, क्योंकि बालक के पिता को माता साधारण सूत्र-मात्र से समझा देती थी कि लाल को पेट के लाले नहीं पड़ने, जो फूल की कुल खुशबू स्कूल के आकाश में उड़ जाए, और वह किताबों की कड़ी धूप में मुरझाकर घर लौटे। बाबू मोहनलाल इस श्रुति के आधार पर फूल के बराबर खिले रहने की कोशिश करते रहे। मुरलीधर को प्रवेशिका तक तो हर साल बिना परिश्रम के फल-प्राप्ति होती रही, पर द्वार पर पहुँचकर अटक गए। मास्टर मोहनलाल के बढ़ावे से मेढ़े की तरह दो-तीन साल तक प्रवेशिका के द्वार पर ठोकरें मारीं, पर हताश होकर लौट आए। घर में मोहनलाल ने आकर कहा—लड़के की अक्ल तो बड़ी तेज है, पर परीक्षक लोग शराब पीकर परचे देखते हैं, जिससे अच्छे के लिए बुरा और बुरे के लिए अच्छा नतीजा हासिल हो जाता है। और, लड़के को नौकरी तो करनी नहीं, बिना डिग्री के डग नहीं उठेंगे; यों इल्म के लिहाज से लड़का किसी ग्रेजुएट से कम नहीं। माता-पिता को तो खुशी होती ही थी, मुरलीधर ने भी दृढ़ निश्चय किया कि उसकी प्रतिभा को अगर अब तक संसार में किसी ने समझा, तो एक मास्टर साहब ने। इसी निश्चय के आधार पर, पिता के स्वर्गवास के पश्चात्, अँगरेज अफसरों को तथा दूसरे मामलों में अँगरेजी में पत्र लिखने, बातचीत करने में दिक्कत पड़ने के कारण और खासतौर से अपनी प्रभुता जताते रहने के उद्देश्य से मुरलीधर ने मास्टर साहब को याद किया और यथेष्ट तनख्वाह देकर अपने यहाँ रख लिया। 'यादृशी भावना यस्य सिद्धिर्भवती तादृशी' का इतने दिनों बाद मास्टर साहब को प्रमाण मिला। अब शिष्य की उन्नति के लिए विशेष रूप से दत्तचित्त हुए। कुछ दिनों तक शिष्य के मनोभावों को पढ़ते रहे। पढ़कर प्रौढ़ युवक को प्रौढ़ता की तरफ फेरने लगे। पहले छुरी, चम्मच, काँटा पकड़ाकर साहबी ठाठ से भोजन करना सिखलाया। फिर धीरे-धीरे स्वास्थ्य के नाम पर शराब का नुस्खा रखा। फिर छिप-छिपाकर सरकारी अफसरों के साथ भोजन करने का प्रोत्साहन। फिर बगीचे की कोठी में बाकायदा पंचमकार-साधन और देशी-विलायती सरकारी

अफसरों को कम-से-कम निमन्त्रण। एक साल के अन्दर लखनऊ, इलाहाबाद और कानपुर आदि की खूबसूरत-से-खूबसूरत वेश्याएँ आकर, नाचकर, गाकर, सरकारी अधिकारियों को खुश कर-कर चली गईं। दूसरे साल सम्राट् के जन्मदिन के उपलक्ष्य में स्टेट्समैन, पायनियर, लीडर आदि में देखा, तो उन्हें पदवी नहीं मिली। पड़ोस के मामूली रियासतदार राजा हो गए हैं। अनुभवी मोहनलाल ने कहा—इस वर्ष तो अभी सिफारिश गई ही होगी, साल-दो साल जब और मेहनत की जाएगी, तब नतीजा हासिल होगा, ये (विशेष निकट सम्बन्ध से सूचित कर) सरकारी अफसर एक दिन में नहीं पिघलते; बेवकूफ बनाना चाहता है; इसलिए घबराने की कोई बात नहीं; अपने पास माल है, तो नाम जरूर होगा।

मुरलीधर को धैर्य हुआ। इससे पहले की दावतों में सुन्दर-से-सुन्दर वेश्याओं के कदम-शरीफ फिर चुके थे। फिर उनकी ओर सेकंड हैंड किताबें खरीदने की तरह अपना ही मन नहीं मुड़ता, फिर निमन्त्रित व्यक्ति कैसे खुश होंगे ? यह शंका भी मोहनलाल ने की, और समाधान भी उन्होंने किया। कहा—अब दावतों का रुख बदल देना है। अब गाने के लिए तो मशहूर विद्याधरी, राजेश्वरी-जैसी रंडियाँ बुलाई जाएँ, और (इशारे से समझाकर) गृहस्थों के घर की; बहुत मिलेंगी, एक-से-एक खूबसूरत पड़ी हैं, रुपया चाहिए, अपने पास इसकी कमी नहीं।

कल्पना के हवाई जहाज पर चढ़े हुए मुरलीधर की तेज हवा के भीतर की स्थिति पार हो गई, और अपना स्थान सुखमय निकट देख पड़ने लगा। मास्टर साहब को भी कुछ दिन और हिसाब में अपने लिए काफी निकासी कर लेने का मौका मिला। उन्होंने इसके लिए पहले से अपने खास आदमी रखे थे, जिन पर उन्हें पूरा विश्वास था। दारिद्र्य का भार न सह सकनेवाली या कुलटा या लोभ से बिगड़ी हुई अथवा कुटनियों से बिगाड़ी हुई गृहस्थों के घर की सुन्दर-से-सुन्दर स्त्रियाँ मिलने लगीं। वात्स्यायन के समय से पहले भी, शायद सृष्टि के प्रारम्भ से ही मिलती थीं। मुरलीधर के रस की रास-लीला ऐश्वर्य की शुभ्र शारद ज्योत्स्ना में सारंगी में सप्त स्वरों, नूपुर-निक्वणों और नेत्रवीक्षणों से मधुमय क्षण-क्षण मर्त्य को लोगों की चिर-कामना के स्वर्ग में बदलने लगी।

इलाके के, विशेष रूप से मुरलीधर के, नजदीक रहनेवाले प्रिय पात्र, मोहनलाल के लाड़ले, शागिर्द, कर्मचारी, जिलेदार जमाने का रंग खूब पहचानते थे। इनके द्वारा भी दूसरों की दाराएँ कभी-कभी जमींदारी का द्वार देख जाती थीं। पहले शहर के गृहस्थों से, जहाँ शौकीन शाह वाजिद अली का आदर्श है, रुपए के बदले रूप लिया जाता रहा, पर यह प्रथा गाँवों तक फैली हुई है। प्रमाण मिलने पर देहाती खूबसूरती पर ध्यान ज्यादा गया। देहाती रूपसियों की निर्दोषिता साहबों को पसन्द आई, इसलिए धीरे-धीरे गाँवों पर धावे होने लगे। देहात की सुन्दर विधवाएँ, भ्रष्ट की हुई अविवाहित युवतियाँ एकमात्र माता जिनकी अभिभाविका थीं और अपना खर्च नहीं चला सकती थीं, और इस तरह के लब्ध अर्थ से लड़की का धोखे से ब्याह कर देना चाहती थीं, लगान की छूट, माफी आदि पाने की गरज से, कुटनियों के बहकावे में आकर चली जातीं या भेज दी जाती थीं। लौट आने पर किसी रिश्तेदारी की जगह जानेवाले कारण गढ़ लिए जाते थे। जमींदार के लोग स्वयं सहायक रहते थे, कोई डरवाली बात न होने पाती थी। विश्वासी जिलेदार इस तरह के मामलों में सूराख लगानेवाले, सौदा तय करनेवाले थे।

एक दिन महादेवप्रसाद नामक एक जिलेदार ने खबर दी कि उसके गाँव में शोभा नाम की एक पन्द्रह-सोलह साल की लड़की है। वह धूप से भी गोरी और फूल से भी खूबसूरत है। आँखें बड़ी-बड़ी, आम की फाँक-जैसी, पढ़ी-लिखी, जैसे सुबह की किरण आसमान से उतरी हो ! शादी हो चुकी है, पर अभी ससुराल का मुँह नहीं देखा। उसे तौलने के लिए एक दिन कुटनी भेजी गई थी। वह मनहारिन है। कुछ फासले पर एक दूसरे गाँव में रहती है। उसने एकान्त पा एक रोज बड़े-बड़े लोभ दिए कि एक तुम्हारे चाहनेवाले हैं, वह राजा से भी बढ़ाकर धनी और कृष्णजी से भी खूबसूरत गोरे हैं, और तुम्हारे लिए बेचैन हैं।

"नाम तो नहीं बतलाया ?" मोहनलाल ने छूटते ही पूछा।

"नहीं साहब, मैं ऐसा बेवकूफ नहीं हूँ, जो नाम भी कहने के लिए कह देता।"

"हाँ, फिर ?"

"फिर उसके पर किसी तरह काँपे में न फँसे। गालियाँ देकर

मनहारिन को निकाल बाहर कर दिया, लेकिन ईश्वर की मार भी एक होती है। मैं उस रोज से रोज महादेवजी को जल चढ़ाकर मनाने लगा कि हे बाबा, यह किसी तरह मिल जाए, तो आपके लिए एक चबूतरा पक्का बनवा दूँ। आप देवों के देव हैं, आपने देवीजी का मनोरथ पूरा किया था, मेरा भी पूरा करो। फिर सरकार, चलने लगा महादेवजी का त्रिशूल—यही जो बीमारी फैल रही है...''

''इन्फ्ल्यूएंजा ?''

''हुजूर, इसी इन्फ्ल्यूएंजा में उसका बाप मरा, फिर माँ मरी, गाँव के सैकड़ों आदमी—बसंतलाल, रामलोचन, लछमनसिंह, अम्बालाल, बनवारीप्रसाद, रामगोपाल, कृष्णाकान्त वगैरा मशहूर जितने मालदार थे, करीब-करीब सब साफ हो गए। कोई किसी के पास नहीं खड़ा होता। चारों ओर सन्नाटा छाया हुआ है। यह हुजूर, यहाँ भी देख रहे हैं। जब उस लड़की के माँ-बाप कूच कर गए, तब मैंने सोचा, अब इसे इन्तजाम के साथ अपने कब्जे में करना चाहिए। वहीं प्यारेलाल के मकान में रखवा दिया है, और कह दिया है कि उसकी ससुराल खबर भेजी जाती है। उसने ससुराल का पता भी बता दिया है। उसका खाविन्द परदेस में, बम्बई में, कहीं पढ़ता है। प्यारेलाल अपना ही आदमी है, ब्राह्मण है औरत-बच्चेवाला। लोगों को शक नहीं हो सकता। अब जब हुजूर की राय हो, ले आई जाए। सरकार जब तक उसे देखते नहीं, तभी तक दिल को तसल्ली दें, वरना मैं तो कहूँगा, हुजूर की नेक नजर में ऐसी खूबसूरत औरत पड़ी न होगी। ईश्वर की मर्जी, उसे मामूली ब्राह्मण के यहाँ पैदा किया, नहीं तो है वह महलों-लायक सरकार !''

प्रसन्न होकर मुरलीधर ने पूछा, ''क्या नाम बताया ?''

''शोभा, हुजूर !''

मुरलीधर सोचते रहे—एक साधारण स्त्री है। मर्जी के खिलाफ भी वह लाई जा सकती है। सब सरकारी कर्मचारी उन्हीं की तरफ हैं। विपक्ष से शिकायत करनेवाला कोई नहीं। वह न हो, यहीं रख ली जाएगी।

मोहनलाल बोल उठे—परसों सरकार के जंग फतह करने की खुशी में जलसा है। एक खास अफसर के निमन्त्रण की बात कही। कहा, ''बनारस की सुहाग-भरी और नियामत उल्लाखाँ, मुंशीजी,

अलीमुहम्मद और भैरवप्रसाद वगैरा उस्ताद भी आवेंगे; अगर यह भी आ जाए, तो कोई बाजू क़मजोर न रहेगा।''

''लेकिन उसका दिल अभी दुखा हुआ है,'' महादेव ने कहा।

''तो यहाँ जहर न दिया जाएगा,'' लापरवाही से मुरलीधर ने कहा।

तीन

देवी-दर्शन के पश्चात् रास्ते पर किशोरी को खड़ी कर वासुदेव बाबा को प्रणाम करने को बगीचे में पैठने से पहले शोभा ने समझा दिया कि क्वाँरी लड़कियों को देवी समझकर वासुदेव बाबा उनसे प्रणाम नहीं लेते, वह कुछ देर प्रतीक्षा करे, शोभा जल्द आ जाएगी। किशोरी ने कुछ देर तक तो प्रतीक्षा की, पर डरकर फिर पुकारने लगी। उत्तर न मिला, तो रोती हुई घर गई। सुनकर उसकी माँ के होश उड़ गए। वह डेरे की तरफ दौड़ी। प्यारेलाल वहीं था। महादेव धीरे-धीरे मोटर बढ़ाकर डेरे ले आने के लिए गाँव के बाहर गया था। प्यारेलाल के देवता कूच कर गए, जब सुना, शोभा वासुदेव बाबा के दर्शन करने गई थी, तब से गायब है। दौड़ा हुआ बगीचे की तरफ कुछ दूर तक गया, पर कहीं कुछ न देखकर लौट आया। शंका हुई, पीपल के पासवाले कुएँ में न गिर गई हो। कुछ देर तक कुएँ की तलाशी होती रही। गाँव के बहुत-से लोग इकट्ठे हो गए। कई रस्से बाँधकर कुएँ में पैठे। पर वहाँ भी शोभा न थी। फिर कुछ दूर तक बगीचे में गए, पर अँधेरे के सिवा कुछ न देख पड़ा। कोई भी शोभा को देखनेवाला

गवाह न था। सब-के-सब सिर हिलाने लगे। लोगों ने निश्चय किया, किसी के साथ वह निकल गई।

जब तक गाँव के भीतर शोभा की तलाश और उसके बुरे चरित्र की चर्चा हो रही थी, तब तक गाँव छोड़कर वह बहुत दूर निकल गई। पहले ही जितना फासला कर ले, इस विचार से, खबर होने तक, बगीचों की श्रेणी पार कर गई। पहले डरे हुए पैर तेज उठने लगे। शंका, भय, उद्वेग और दुःखों को उसकी एक अलक्ष्य शक्ति लड़कर पार कर जाना चाहती है। मुक्ति की प्रबल इच्छा सामने के विघ्नों को पीछे के पतन के भय से झेल रही है। कभी रास्ता नहीं चली। आज एक ही साथ जीवन का सबसे जटिल, दुर्गम मार्ग तय करना पड़ा। कटी घास की पैनी नोकों से तलवे छलनी हो रहे हैं, खून के फव्वारे छूट रहे हैं, पर रास्ता पार करना है, याद आते ही कितना बल मिल रहा है ! अंकुरों के चुभने की पीड़ा एक निःशब्द आह से भर जाती है। केवल एक लगन—रास्ता पूरा करना है, पकड़ न लें। वह रास्ता कितना लम्बा है, वह स्टेशन कितनी दूर है, जानकर भी नहीं जानती, सब भूल गई, केवल इतना ही होश कि रास्ता पार करना है। उसे किस-किस तरफ से होकर कहाँ जाना होगा, कितनी दूर एक घंटे में चली आई, वह कच्ची सड़क कहाँ है, कुछ ज्ञान नहीं। जरा रुकने पर पैर की खील निकालने के क्षण-मात्र में काँप उठती कि पकड़ ली गई, पीछे कोई आ रहा है ! हृदय धड़क उठता, वेदना भूलकर लम्बे पग सामने बढ़ती जाती है। एक घंटा हो गया, जहाँ तक अँधेरा मिलता है, पेड़ देख सकते हैं, उसी तरफ जाती है। एक, दो, तीन, कई घंटे पार हो गए। साथ-साथ श्रान्ति बढ़ गई। गला सूख गया। दर्द भीगा, पैर दुखने लगे, बेताब हो वहीं बैठ गई। स्टेशन कहाँ है ? वह कहाँ आई ? कल क्या होगा ? सोचती-सोचती पीड़ा की गोद में मूर्च्छित हो गई। जब आँखें खुलीं, तब न वह स्थान है, न वह दृश्य ! फेन-शुभ्र मसृण शैया पर लेटी; एक अपरिचित स्त्री पंखा झलती हुई, सिर पर सुगन्ध से वासित पट्टी, तलवों में रुई के फाहे बँधे हुए।

जब महादेव लौटकर आया, और उसे मालूम हुआ कि शोभा गायब हो गई है, तो बहुत घबराया। लोगों को एकत्र कर शोभा को बचाने का धार्मिक उद्देश्य समझाकर मदद माँगी, और लोगों के तैयार होने पर, रात ही को तीन-तीन, चार-चार कोस के फासले तक के गाँवों में, माँ-बाप की मृत्यु से घबराकर या किसी बहकानेवाले के साथ भगने की उसकी खबर फैला देने और वहाँ के लोगों से प्रार्थना करने के लिए कहा कि अपनी शक्ति-भर सब लोग उसकी सतीत्व-रक्षा का प्रबन्ध करें। लोगों को महादेव की सलाह बहुत पसन्द आई। मदद के लिए गाँव के लोग तैयार हो गए। इधर उसने कहा कि मालिकों के यहाँ भी यह खबर हो जानी चाहिए। मुमकिन है, वहाँ से भी कोई मदद मिल जाए, और प्यारेलाल को एक रिपोट लिखाकर रात ही को चौकी के मुंशी को दे देने और सुबह कानपुरवाली गाड़ी से कानपुर तक देखने जाने के लिए कहा। एक दूसरे सिपाही को बादवाली गाड़ी से होकर प्रयाग तक देख आने के लिए कहा, यदि शोभा किसी के साथ रेल पर सवार हो। खुद सदर मुरलीधर के पास खबर देने को गया, क्योंकि वह इन्तजार करते रहेंगे। मुमकिन, कोई दूसरा बन्दोबस्त आए हुए साहब के लिए करना पड़े।

पड़ोस के और फासले तक ज्यादातर गाँव मुरलीधर के ही थे। रातोंरात तीन-तीन, चार-चार कोस तक गाँवों में खबर देने के लिए लोग दौड़े। चारों ओर सन्नाटा छा गया। राधा का पति डरा। दूसरे दिन उसका कानपुर जाना न हुआ। लोगों में तरह-तरह की टिप्पणियाँ चलने लगीं। प्रायः सभी शोभा के खिलाफ—अबला प्रबल रूप धारण करने पर क्या नहीं कर सकती !

पंडित स्नेहशंकरजी सात-आठ गाँव के मामूली जमींदार हैं। ऊँचे दरजे के शिक्षित। विदेशों का भ्रमण कर चुके हैं। ऊँची शिक्षा प्राप्त करने पर भी ऊँचे पदों की प्राप्ति स्वेच्छा से नहीं की। सरस्वती की सेवा में दत्तचित्त रहते हैं। उम्र पचास के उधर होगी, साठ के इधर। लम्बे, पुष्ट, गोरे ऋषियों के अनुयायी, इसलिए ईश्वरप्रदत्त रोओं पर नाई का उस्तरा नहीं फिरता। सिर के बाल, मूँछें, दाढ़ी यथासंस्कार प्रतिभा और प्रौढ़ता के अनुरूप। सदा प्रसन्न आँखों से गंगा के जल

की-सी निर्मल ज्योति निकलती हुई। ज्ञान की उस उभय धारा में देश के आदर्श युवक स्नान कर धन्य होने के लिए आते हैं। जमींदारी में रियाया के साथ रियायत का पूरा सम्बन्ध अर्थ की ईंटों और शिक्षा के चूने से उठी ग्राम-संगठन की सुदृढ़, सुन्दर इमारत प्रान्त के उन्नतमना मनुष्य कभी-कभी देखने के लिए आते हैं। कभी-कभी सरकार से भी कुछ सहायता मिल जाती है। मुरलीधर के गाँव की अपार क्षार जल-राशि के भीतर एक छोटे-से द्वीप की तरह सुजला-सुफला, शस्य-श्यामला, ज्ञानदात्री, धात्री इतनी-सी भूमि। चारों ओर बिना सहारे की नाव के अपने पैर पार होने की गुंजाइश नहीं। जल-जन्तुओं, डुबा देनेवाली उत्तुंग तरंगों तथा तूफान का सदा भय। स्नेहशंकरजी गाँवों के जमींदारों की तरह नहीं, रियाया की तरह रहते हैं। जमींदारी का प्रबन्ध वहीं के किसानों की एक कमेटी करती है। अपनी पुस्तकों की आमदनी से भी वह कभी-कभी किसानों के शिक्षा-विभाग की मदद करते हैं।

नियमानुसार वह ब्राह्ममुहूर्त में उठकर टहलने चले। कुछ दूर जाने पर तारों के प्रकाश में देखा, एक स्त्री बाग की खाई से कुछ फासले पर पड़ी सो रही है। नजदीक जाकर देखा, हरसिंगार के दो-चार फूल खुल-खुलकर उस पर गिरे हुए हैं। अच्छी तरह देखा, साँस चल रही है, नाड़ी बहुत ही क्षीण। मुख पर दिव्य सौन्दर्य की स्वर्गीय छटा, जैसे साक्षात् गायत्री युग-शाप को सहन न कर विश्व-ब्रह्म की गोद में मूर्च्छित पड़ी हुई हो ! स्नेहशंकर अनेक प्रकार की कल्पनाएँ उस किशोरी पर करते-करते शीघ्र घर लौटे। अपने पुत्र अम्बिकादत्त और पुत्रवधू सावित्री को शयनगृह के द्वार पर पुकारा। दोनों सो रहे थे। जगकर ससंकोच दोनों बाहर आए। संक्षेप में समाचार सुना, स्नेहशंकरजी ने उठा लाने को दोनों से कहा। दोनों पिता के पश्चाद्वर्ती हुए। शोभा की प्रांजल, करुण, मूर्च्छित शोभा देखकर सावित्री रोने लगी। सँभालकर दोनों घर उठा लाए। अपने बिस्तरे पर लिटा, फाहे से तलवों का खून धोकर, आयडिन लगा, ढीले बाँध दिया, सिर पर गुलाब की पट्टी रखकर सावित्री पंखा झलने लगी।

प्रभात हुआ। गाँव के लोग जागे। उषा की लालिमा के साथ शोभा के भी सरोज-दृग अँधेरी क्लान्ति के भीतर से बाहर के जाग्रत्

संसार में खुल गए। निश्चल चितवन से अपरिचिता सुन्दर सेविका को देखा, पर नेत्र अव्यक्त शंका से नीहार के कमल-जैसे व्याकुल हो गए, जैसे संसार में विश्वासपात्र अब कोई नहीं रहा ! जैसे इस सेवा में भी स्वार्थ छिपा हो !

सावित्री प्रश्न न कर चुपचाप अपने पति के पास गई, और पिताजी को बाहर से बुला लाने को कहा। कहा—अब होश हुआ है।

स्नेहशंकरजी शीघ्र आए, और स्नेह से अभय दिया। कुल शंका-संकोच दूर कर कहने लायक हालत हो, तो हाल बयान करने के लिए कहा।

गल-गलकर पलकों के करारों से युगपद् आँसुओं की धारा बहने लगी। स्नेहशंकर के हृदय के स्नेह की पहचान पा शोभा करुण चितवन से देखकर रह गई, कुछ कह न सकी। इस अव्यक्त कथा के इतने व्यक्त प्रकाश से स्नेहशंकर बीज-रूप अर्थ समझ गए। उनकी वेदना के आँसू शोभा को सहानुभूति-प्रदर्शन के लिए गुप्त पथ पाकर बाहर आ गए। फिर सँभलकर उन्होंने कहा, "अच्छा, कुछ स्वस्थ हो लो, कुछ खा-पी लो, तब कहना।"

चार

दुख-भरी पुकार से करुण शोभा का पत्र विजय की दृष्टिकिरणों में ठीक उषा-काल की ओस के आँसुओं का तरु-पल्लव हुआ, शिशिर का शतपत्र। पर दूरतम पथ पार करने को पाथेय कुछ नहीं। पिंजड़े में आशुबन्दी पक्षी के सदृश हृदय देह के भीतर तड़फड़ाने लगा, पर पतत्रि को पुनः-पुनः क्षतों के सिवा उड़ने का पथ नहीं मिला। सेठजी, जिनके प्रसाद से वह किसी तरह बम्बई में रहकर ही एक साल की पढ़ाई पूरी कर लेना चाहता है, नाराज हैं। अब सहायता देने से उन्होंने इनकार कर दिया है। पुलिस के गुप्त विभाग के किसी अफसर से उनके पास उसके नाम शिकायत पहुँची है। इन्हीं सेठजी के यहाँ उसके पिता ईमानदारी से तीस वर्ष तक कार्य करके, वृद्ध हो घर गए। इन्हीं सेठजी को तीन बार मवालियों के आक्रमण से मैदान में टहलते समय साथ रहकर उसने बचाया था। इन्हीं सेठजी के घर से, पुलिस की सलाह के अनुसार, राजनीतिक कवल से जूठी पत्तल की तरह वह बाहर निकाल दिया गया। पर उसका मानसिक स्वातन्त्र्य सामयिक बादलों में सूर्य की तरह ढका है। सेठजी से

प्रार्थना करने के लिए फिर गया, पर ड्योढ़ी से भीतर पैठ नहीं। दरबान ने कहा, ड्योढ़ी बन्द है। दो लड़कों को पढ़ाने लगा था, अभी महीना पूरा हुआ। उनके अभिभावकों के पास गया। दोनों जगह एक ही-से उत्तर, "बगैर महीना पूरा हुए आपको कैसे रुपए दे दिए जाएँ–ऐसी उतावली हो, तो आप अगले महीने से मत पढ़ाइए, हम दूसरा इन्तजाम कर लेंगे।"

विजय : "तो अब तक का जो होता है, कृपा कर वही दे दीजिए, फिर मैं न आऊँगा, मेरे घर में बीमारी है, घर जाना चाहता हूँ।"

"अच्छा, यह बात है, अब आप नहीं आना चाहते, कोई दूसरा काम मिला होगा ! खैर, रुपए नहीं हैं। हमारे यहाँ पन्द्रह-पन्द्रह, सोलह-सोलह दिन में तनख्वाह नहीं दी जाती।"

विजय फिर कुछ कहने चला, तो दरबान की पुकार हुई, और तृतीय पुरुष के पुरुष सम्बोधन से कहा गया, इसे निकाल दो।

पहली जगह तो अपमान को पीकर किसी तरह दिल को उसने समझा लिया, पर दूसरी जगह धैर्य न रहा। दरबान के आने के साथ तौलकर ऐसा एक हाथ रखा कि वह मुँह के बल आया। फिर विद्यार्थी के पिता की तरफ चला, तो वह जेब में हाथ डालकर जो कुछ बचाव के लिए निकला, सभय देने लगे। नोट थे। विजय की आँख चढ़ी थी। नोट लेकर सदर्प, सक्रोध गद्दी से बाहर निकल गया। दूर सड़क पर जाकर देखा, छह दस रुपए के और एक सौ रुपए का नोट। क्रोध के बाद धनी स्वभाव की परीक्षा कर हँसी आ गई। यह क्रोध और बल है, जिसे तीन महीने की पढ़ाई से अधिक अर्थ मिलता है; वह सौजन्य और शिष्टता है जिसकी गर्दन पर हाथ जाता है। ऐसा है आज भारत–सोचता हुआ अपने डेरे की तरफ चला। भाड़ा आदि चुका, बिस्तर बाँधकर सीधे स्टेशन पहुँचा। फिर टिकट लेकर डाकगाड़ी से ससुराल के लिए रवाना हो गया।

पाँच

बातों से शोभा की पहचान कर स्नेहशंकर, उनके पुत्र और पुत्रवधू ने गृह की कली में उसे सौरभ की तरह छिपा रखा। शतपथवाहिनी शतद्रू जैसे पर्वत-पिता के वक्ष-स्थल में मूलवास अन्तर्हित कर रही। जो जन-रव फैला था, इस परिवार को परिचय के दूसरे ही दिन मालूम हुआ, और तत्त्वज्ञ, दार्शनिक, पुरातत्त्ववेत्ता स्नेहशंकर को शोभा के सत्य के साथ जनता के सत्य का एक दृष्ट प्रमाण मिला।

अच्छी हो, स्नान समाप्त कर, बाल खोले दिन में शिशिर की स्नात ज्योत्स्ना-रात-सी स्निग्ध, शुभ्र-वसना, सुकेशा शोभा उदार, अपलक दृष्टि से न जाने क्या मन-ही-मन देख रही थी, किसी दूरतर लक्ष्य की ओर क्षिप्त दृष्टि; ऐसे समय एक बार फिर इस गायत्री को, विद्या ही-सी चमकती, जल-जड़ से उभरकर आई चिन्मयी मूर्ति को स्नेहशंकर ने देखा—मुख की प्रभा तथा सघन केशों के अन्धकार में दिन और रात का दिव्यार्थ रूपक। याद कर सहास्य कहा, "अलका है यह।"

सावित्री खड़ी थी। पिता की कविता सुन मुस्कुराकर पूछा,

"अलका क्या पिता ?"

"इसका नाम है, यही नाम लोगों से बतलाना, और जैसा अब तक कहा है, मेरी बहन है। खूब याद रखना, भूलना मत।"

"हाँ, ठीक है।"

नारियल के जल की तरह प्रसन्न, विश्वामित्र के वर से मनुष्य रूप, विद्या और बुद्धि के कठोर आवरण के भीतर, छिपा दिया गया। स्नेह का ऐसा प्रगाढ़ लेप होता है कि जीव को तृप्ति मिलने के कारण जीवन दुःखप्रद, भार-सा नहीं मालूम होता, बल्कि इस मायिक बन्धन में कायिक आनुकूल्य पा प्रतिभा प्रसन्न चमकती है। अलका पितृपक्ष के दृश्य अपनी ही आँखों अनादि काल में अवसित होते देख चुकी थी। उसके चिर-स्नेह के अभ्यस्त आश्रय पिता-माता को एक अलक्ष्य शक्ति ने मूर्तियों से पुनश्च अणु-परमाणुओं में चूर्ण कर दिया था। अब दूसरे शक्तिचक्र से घृणित, विशेष कष्टों के बाद, एक दूसरा स्नेहमय, मधुर माया-संसार संगठित हो गया है। उसे पूर्वार्जित नष्ट स्नेह-प्रतिमाओं का दुःख तो है, पर संतप्त हृदय को अनेक प्रकार से स्नेह-समीर भी स्पर्श कर ताप हर जाती है, इसका भी सुख उसे मिलता है। सावित्री एक ऐसी बहन उसे मिली, जैसी पिता के गृह में दूसरी न थी। बम्बई से तार का जवाब आया था, उसका पति अब वहाँ नहीं; बहुत सम्भव, वह घर गया हो। उसके दूसरे धर्म-पिता स्नेहशंकर अपनी पूरी शक्ति से उसके हितों को देखते हैं। बम्बई में उनके मित्र और विशेषता से उसके पति का पता लगा रहे हैं। अलका इन्हीं भावनाओं की मूर्ति बनी खड़ी थी।

"इनकी ससुराल का कुछ पता मिला पिता ?" सावित्री ने साग्रह पूछा।

"हाँ, जो हाल पिता के गृह का, वही श्वसुर-गृह का भी।" स्नेहशंकरजी स्तब्ध बैठे रहे।

"तो क्या..."

"हाँ, कोई नहीं; विजय के पिता, माता, भाई–सभी स्वर्ग सिधार गए। विजय है, पर पता नहीं चल रहा। अलका को मानसिक बहुत ही दुःख है, पर निरुपाय दुःखों को सहना ही पड़ता है। हम लोग परसों लखनऊ चलेंगे। वहाँ इसका जी कुछ बहल सकता है। हमने ससुराल का हाल छिपा रखना अनुचित समझा। अभी इसे कष्ट

है। पर जब हमें भी अपने परिवार तथा स्नेह में सम्मिलित समझेगी, तब ऐसा मनोभाव न रहेगा। इसी भारत में आश्रयहीन बालिका और तरुणी विधवाएँ भी हैं। उन्हें खाने को नहीं मिलता, भूख के कारण विधर्म को भी उन्हें ग्रहण करना पड़ता है, चिर-संचित सतीत्व-धन से भी हाथ धोती हैं। इस घोर सामाजिक अन्धकार में पथ-परिचय का बहुत कुछ प्रकाश पा अलका को कदापि खिन्न नहीं होना चाहिए। हम कहते हैं, आगे यह खेद न रहेगा। ज्ञान की शान्ति में दुःख की सब ज्वाला बुझ जाएगी। वह अपनी बहनों के लिए प्रदर्शिका होकर बहुत कुछ कर सकती है। क्यों, अलका ?''

''जैसी आपकी आज्ञा।'' नत-करुण नयना अलका ने धीमे स्वर में कहा।

''भय क्या बेटी, दुःख मनुष्य ही झेलते हैं, तू महाशक्ति है। जितना परिचय शक्ति का तूने दिया, उससे अधिक की मृत्यु के सामने भी जरूरत नहीं। भरोसा रख। सदा समझ, भारत की दुःखी विधवाएँ, महिलाएँ तुझे चाहती हैं। अब तेरी उचित शिक्षा का प्रबन्ध करना है। तू देखेगी, किसी तरह की भी आशा से, उसकी पूर्ति से भी, हृदय को ज्ञान-प्राप्ति के बिना इतना आनन्द नहीं मिलता।''

अलका पितृ-चरणों पर कोमल-नत दृष्टि खड़ी रही। सावित्री ने लौंग लाकर दी।

''यह कौन है, जानती है ?''

अलका ने प्रश्न की पद्म-दृष्टि से देखा।

''मुझे क्या, अपने चिरंजीव पुत्र-रत्न को कहिए। बहारने की जरूरत पर मैं खुद झाड़ू लगा लेती हूँ, उन्हें नहीं पकड़ती, गनीमत कहिए।'' चपल-चितवन पिता को देखती हुई प्रखर सावित्री कह गई।

अलका नहीं समझी, ऐसी निगाह से पिता को देखा।

''समय आने पर सावित्री खुद तुझे समझा देगी, अभी नहीं।'' इतना कह न जाने कितनी दूर, चिर-कांक्षित चिराभ्यस्त यत्न-कल्पित ज्योतिर्मय लोक में स्नेहशंकरजी दृष्टि बाँधकर रह गए।

सावित्री पिता के मनोभावों से परिचित थी। एक अर्थ आप ही सोचकर मुस्कुराती रही।

''देश तैयार नहीं,'' स्नेहशंकरजी ने संचित शान्तिपूर्वक कहा।

‘‘जी।’’ सावित्री ने आँखें झुका लीं।

‘‘कार्यकर्त्ता जो कुछ भी प्रभात के विरल तारों-से देख पड़ते हैं, योरप के मरुस्थल की ओर बढ़ रहे हैं, और उद्देश्य जल का लिए हुए, पर नहीं समझते, यह एक दूसरे की प्राकृत ज्वाला से जला हुआ प्रकृति की नकल है ! यहाँ के नखलिस्तान के केलों के जल से तमाम देश की प्यास न बुझेगी।’’

‘‘जी।’’

‘‘इसीलिए लोगों को समृद्ध करने के उपाय छोड़कर स्वयं प्रसिद्ध होने को तत्पर होते हैं। इस तरह जिस समूह को वे स्वतन्त्र करना चाहते हैं, उसे ही अपनी आज्ञाओं का अनुवर्ती, गुलाम करने के फेर में पड़ जाते हैं। इससे बड़ा मनुष्य-मस्तिष्क का दूसरा अपकार नहीं।’’

‘‘आपके क्या विचार हैं ?’’

‘‘जो कुछ मैंने तुम्हारे साथ, तुम्हारे पति के साथ किया। जनाभाव के कारण अपनी भावनाओं का अनुरूप विस्तार नहीं कर सकता। पर इच्छा है। साहित्य में इसीलिए इन विचारों की पुष्टि करता हूँ। यदि किसी प्रबल शिला के कारण प्रवाह का पथ-रोध हो रहा हो, तो शिला के हटाने का ही प्रयत्न करना चाहिए। प्रवाह स्वयं स्वतन्त्र है। वह अपनी गति निश्चित, निर्धारित करता हुआ ठीक अतल-अपार समुद्र से मिलेगा। रास्ते में नदी-नदों का सहयोग भी उसे आप प्राप्त होगा, पर जो प्रवाह शोण के साथ सहयोग कर वंगोपसागर से मिलना चाहता है, उसे अरब-समुद्र में गिराने का प्रयत्न केवल कारीगरी की प्रशस्ति-प्राप्ति के लिए है, यह उसकी सुविधा न की गयी।’’

‘‘आपका मतलब मैं नहीं समझी ?’’ एकाग्र हो सावित्री पिता की ओर देखने लगी।

‘‘बात यह कि देश की स्वतन्त्रता एक मिश्र विषय है। यह केवल राजनीतिक प्रगति नहीं। मान लो, एक मशीन बनाने की जरूरत हुई, तो कानून का जानकार क्या कर सकता है ? मनुष्य के जीवन को, एक साधारण-से-साधारण गृहस्थ को जैसे निर्वाह के लिए आवश्यक छोटी-मोटी सभी बातों का ज्ञान रखना पड़ता है, वह खेती का हाल भी जानता है, बागबानी भी जानता है, कुछ कल-पुर्जों का

ज्ञान भी रखता है। पशु-पालन से भी परिचित है, और सीना-पिरोना, पाक-शास्त्र, वैद्यक, शिशु-रक्षा, पत्र-लेखन, पुस्तक-पाठ, साहित्य, दर्शन, समाज और राजनीति के भी यथावश्यक कानून जानता है, और इस प्रकार एक मिश्र ज्ञान उसकी व्यावहारिक गृह-स्वतन्त्रता का अवलम्ब है, वैसे ही देश की व्यापक स्वतन्त्रता को सब तरफ की पुष्टि चाहिए। जब तक सब अंगों से समान पूर्णता नहीं होती, तब तक स्वतन्त्र शरीर संगठित नहीं हो सकता। हमारे यहाँ ऐसा नहीं हो रहा है। हमारे यहाँ तो कानून के बल पर राजनीतिक स्वतन्त्रता हासिल की जा रही है। संवाद-पत्रों में कानून के जानकारों का विज्ञापन होता है—वे ही देश के सर्वोत्तम मनुष्य हैं। उन्हीं की आज्ञा शिरोधार्य है।''

''पिता, पर कैसे-कैसे त्यागी नर-रत्न हैं!''

''मैं अस्वीकार तो करता नहीं, पर क्या दूसरी तरफ भी ऐसे ही त्यागी और संयत मनुष्य नहीं ? क्या देश उनकी भी वैसे ही इज्जत करता है ? सावित्री, नहीं करता, इसका वही कारण है। यह मेरी अपनी बुद्धि, अपने विचार हैं। स्वतन्त्रता के नाम से देश घोर परतन्त्र है। संवादपत्र एक दल-विशेष, व्यक्ति-विशेष की नीति के प्रचारक हैं। वे इस तरह अपने पत्र का भी प्रचार करते हैं। जिसे अभ्युदयशील, जनता में आकर्षक, लोकप्रिय समझते हैं, बराबर उसी का प्रचार करते रहते हैं। जनता बड़ी असमर्थ होती है सावित्री। वह मनुष्य को बिना स्याह दाग का ईश्वर भी समझ लेती है, जो कमजोर को और भी कमजोर, परावलम्बी कर देता है। संवाद-पत्रों में स्वतन्त्रता का व्यवसाय होता है। सम्पादक ऐसी स्वाधीनता के ढोल हैं, जो केवल बजते हैं, बोल के अर्थ, ताल, नहीं जानते, अर्थात् उनके भीतर वैसे ही पोल भी है। वे दूसरे के हाथों की थपकियों से मधुर बोलते हैं—जनता वाह-वाह करती है, और बजानेवाले देवता को पुष्प-माला लेकर यथाभ्यास, जैसा सुझाया गया, पूजने को दौड़ती है। यह स्वतन्त्रता का परिणाम नहीं।''

''पर नेता को सभी सम्मान देते हैं।''

''नेता ? नेता कौन है ? मनुष्य ? एक मनुष्य सब विषयों की पूर्णता पा सकता है ?''

''न।''

"इसीलिए नेता मनुष्य नहीं, सभी विषयों की संकलित ज्ञान-राशि का भाव नेता है। इसीलिए किसी भी तरफ का भरा-पूरा मनुष्य दूसरे किसी भी तरफ के बड़े मनुष्य की बराबरी कर सकता है। पर देश में यह बात नहीं हो रही। यही मैं कह रहा था। एक को पैतृक सम्पत्ति मिली। पिता जज थे। पूर्ण शिक्षा भी मिली, क्योंकि अब रुपए से शिक्षा का तअल्लुक है। वह इटली, जर्मनी, फ्रांस, इंग्लैंड और अमेरिका आदि देशों से शिक्षोत्कीर्ण पदवियों के हीरे का हार पहनकर स्वदेश लौटे। बैरिस्टर हुए। दो करोड़ रुपया अर्जित किया। अन्त में दस लाख देश को दान कर दिया। कोने-कोने तक नाम फैल गया। पत्र यशोगान करने लगे। वह देश के नेता हो गए। एक-दूसरे को केवल बैल, हल और मूसल पैतृक चल सम्पत्ति मिली, और शिकमी जोत सिर्फ दस बीघे जमीन। वह हल और माची कन्धे पर लादकर, एक पहर रात रहते, खेतों में जाता, शाम तक जोतता, दोपहर वहीं नहाकर भोजन करता, घंटे भर छाँह में बैल चारा खाते, तब तक अपनी प्रिया से खेती की बातचीत करता है। शाम को काम कर घर लौटता है। एड़ी-चोटी का पसीना एक करके, मुश्किल से भर-पेट खाने को पाता है। लगान चुकाता है। भिक्षुक को भीख देता और फसल न होने पर जमींदार के कोड़े सहता है। कभी-कभी उन्हीं की कृपा से कचहरी जा बैरिस्टर साहब को भी कुछ दे आता है। जमींदार, पुलिस, कचहरी, समाज—सभी जगह वह नीच, अधम, मनुष्य की पदवी से रहित, ठोकरें खानेवाला है। कोई देख न ले, और रोने का मतलब और-और न सोचे, इसलिए खुलकर नहीं रोता। एकान्त में ईश्वर को पुकार, शून्य देख, दुख के आँसू पीकर रह जाता है। तमाम उम्र इसने ऐसे ही पार की। छोटी-सी सीमा के बाहर कोई इसे नहीं पहचानता। सदा इसके सिर पर समाज, राजनीति, धर्म और मनुष्य-रूप राक्षसों से मिले दुखों का पहाड़ रखा हुआ है। यह इसे अपने ही कर्मों का फल समझ, किसी को भी इसके लिए न कोसकर चुपचाप ढोता चला जा रहा है। इन दोनों में कौन बड़ा है सावित्री ?"

"यही किसान।"

"यह क्या चाहता है सावित्री ?"

"यह क्या चाहता है पिता ?"

झर-झर आँसुओं का अनर्गल प्रवाह सानुभाव विद्वान् पंडित प्रवर की आँखों से बहने लगा। ओस से आकाश के रोने के साथ-साथ, उसके स्नेहाच्छंद की पत्रिका, अलका भी रोने लगी। सावित्री ने रात की तरह पलकें मूँद लीं, यही दृश्य न देखा।

सँभलकर स्नेहशंकरजी ने कहा, "चाहते और क्या हैं—न्याय, इस दुःख से मुक्ति। इसलिए, जो लोग वास्तव में क्षेत्र से उतरकर देश के लिए कार्य करते हैं, वे यदि इन किसानों की शिक्षा के लिए सोचें, हर जिले के आदमी, अपने ही जिले में जितने हों, उतने केन्द्र कर अर्थात् उतने गाँव में, इन किसानों को केवल प्रारम्भिक शिक्षा भी दे दें, तो उनके जेल-वास से ज्यादा उपकार हो, और यह शिक्षा की सचाई सहृदयों की यथेष्ट संख्या-वृद्धि कर दे। फिर वे भी इस कार्य में कार्यकर्त्ताओं की मदद करें। किसी प्रकार का सुधार पहले मस्तिष्क में होता है। जहाँ मस्तिष्क ही न हो, वहाँ नेता की आवाज का क्या असर हो सकता है? समझदार कभी भी समझ नहीं छोड़ता। ठीक-ठीक काम तभी होता है। मनुष्य-रूपों में जिनकी पशुओं की संज्ञा अज्ञान के कारण हो रही है, वे किसी विषय को अच्छी तरह जाने बिना ग्रहण नहीं कर सकते। कठिन समय आने पर उसे छोड़ देंगे।"

"लोग इस मनोभाव को न छोड़ें, इसीलिए तो नेता अनेक दुःख-कष्ट झेलते, तपस्या करते हैं।"

"मैं विरोध नहीं करता। पर, जैसा पहले उस किसान के लिए कहा है, वैसा ही फिर कहता हूँ, शक्ति की दृश्य क्रिया से अदृश्य क्रिया में और भी कष्ट मिलते हैं। तुम यह न सोचो कि जो मनुष्य दस-बीस वर्षों तक एकनिष्ठ हो किसानों की दी रोटियाँ खाकर उनके बच्चों को पढ़ाएगा, उसे किसी जेलवासी से कम दुःख उठाने पड़ेंगे। शक्ति के संयम में जितना दुःख, जितनी साधना है, उतना दुःख, उतनी साधना बेमेल शक्तियों की प्रतिक्रिया में नहीं। गीता में यही उपदेश है। ब्राह्मण इसीलिए क्षत्रिय से बड़ा है। जेल क्या बाहर नहीं? सरकारी जेलों की दृश्य-दीवारों के बाहर ईश्वरीय जेलों के कैदी कम तकलीफ उठाते हैं? ऊँचे विचारों से वायु और आकाश की दीवारें और मजबूत, और दुःखप्रद हैं। फिर एक ही पारतन्त्र्य की दीवार जेल के भीतर भी है और बाहर भी। अर्जुन सशस्त्र हैं,

प्रतिघात करते, मार का जवाब मार से देते हैं; कृष्ण निरस्त्र हैं, हाथ में घोड़ों की लगाम, लक्ष्य सदा मार्ग पर, शरीर का बिलकुल ज्ञान नहीं। पर दुःख कौन ज्यादा उठाता है ? संयम किसमें अधिक है ? उत्तरदायित्व किसका बड़ा है ? उद्धार के लिए वही रुख अच्छा होता है, जहाँ रुकावट न हो। रस्सा खींचने (Tug of War) में बाद को एक पक्ष खींच लेता है, पर जब तक एक पक्ष की शक्ति समाप्त नहीं हो जाती, खींचनेवाले कितना हैरान होते हैं ? देश की राजनीति की अभी ऐसी दशा नहीं कि बराबर का जोड़ हो; इसलिए सुधार की ही तरह सुधार करना चाहिए; नहीं तो हार अवश्य होगी। नेताओं के साथ अधिक संख्या में जनता सहयोग न करेगी। अपने अंगों में जो कमजोरियाँ हैं, उन्हें दूर कर किला मजबूत करने के काम में लगने पर, किले पर गोलाबारी होने की कोई शंका नहीं, परन्तु साधना, कष्ट और महत्त्व भी जेल-सेवा से कम नहीं। जेल में व्यर्थ जीवन व्यतीत होता है। जनता मुँह फैलाए संवाद-पत्रों में स्वतन्त्रता की राह देखती है !"

अम्बिकादत्त किसान-लड़कों को पढ़ाने, अपनी ही तैयार कराई पास की पाठशाला, गए थे। घर लौटे। गाँव का तमाम काम शिक्षा, गोपालन, कृषि, वस्त्र-निर्माण आदि इन्हीं के सुपुर्द हैं। कुछ और सिखाए हुए कार्यकर्त्ता हैं, जो वहीं रहते हैं। कभी-कभी पं. स्नेहशंकरजी भी देखते हैं। पर इनका अधिक समय पुस्तक-प्रणयन में पार होता है।

पीछे-पीछे भोला चमार कुछ मूलियाँ व्यवहार में देने के लिए लेकर आया। टोकनी में रखकर सावित्री ने निकट ही बैठाला। भोला चमड़े का बाजार गिरने का हाल बतलाने लगा।

मन्ना पासी चौगड़े तीन-चार शिकार कर लाया था। अम्बिकादत्त मांस खाते थे। सावित्री को भी अरुचि न थी। सिर्फ स्नेहशंकरजी उत्तेजक समझकर न खाते थे। इन दोनों के लिए उन्होंने स्वयं राय दी थी। मन्ना एक सेर तक मांस महुए के पत्ते के दोने में ले आया, और द्वार पर सदर्प 'भौजी, भौजी' की निर्भीक आवाज लगाई। सावित्री ने बुलाया। मन्ना ने भीतर आ भौजी के हाथ पर, हँसता

हुआ, मांस का दोना रख दिया।

मांस की ओर देखकर अलका ने ऐसी मुद्रा बनाई कि स्नेहशंकर समझ गए कि इसने मांस कभी खाया नहीं, इसलिए घृणा करती है। हँसकर, पास बुला कहने लगे, "आज हमारा-तुम्हारा अलग चूल्हा दग जाए, हम तुम्हारे दल में हैं।"

"क्या दीदी खाती हैं ?" खौफ की निगाह सावित्री को देखते हुए अलका ने पूछा।

"हाँ, रोज बाजार से बकरा आता था। तुम्हारे आने से बन्द था। अब फिर कहो, आज से श्रीगणेश हो। क्यों, दीदी से अब विशेष सहानुभूति नहीं रही ?"

अलका कुछ कदम पिता की ओर बढ़ गई, "मुझे डर लगता है।"

स्नेहशंकर हँसने लगे।

छह

कानपुर की एक संकीर्ण गली के मकान में बैठा हुआ युवक आवाज पा बाहर आया, और मित्र को देखकर प्रसन्नता से लिपट गया, "तुम आ गए, विजय ? आने का पत्र नहीं लिखा तुमने !" विजय को ले जाकर अपने कमरे में बैठाया, कुली ने उसका सामान रख दिया। विजय ने कुली की मजदूरी चुका दी, फिर एक साँस छोड़कर कहा, "बड़ी विपत्ति में हूँ अजित !"

"विपत्ति !" शंका की दृष्टि से अजित ने देखा।

विजय : "हाँ, मेरे माँ-बाप, सास-ससुर, सबका इसी बीमारी में शरीरान्त हो गया। मेरी ससुराल से एक पत्र आया था। लो, पढ़ो।" विजय ने शोभा का पत्र पढ़ने को दे दिया। अजित पढ़ने लगा। पढ़कर साश्चर्य विजय को देखा। विजय फिर कहने लगा, "उसके गाँव में पता लगा है, वह किसी के साथ भग गई।"

अजित : "झूठ है। जिसके हाथ का ऐसा पत्र है, उसके मनोभाव वैसे नहीं हो सकते।"

विजय : "लेकिन पता नहीं लग रहा, क्यों गाँव से गई। उस

गाँव के जिलेदार, कहते हैं, उसके बड़े हितकारी थे। उनकी सूरत लेकिन एक खासे मक्कार की है।''

अजित : ''बस-बस, यहीं कुछ रहस्य है।''

विजय : ''लेकिन रहस्य का पता लगने-लगाने तक शोभा का सतीत्व तो नहीं रह सकता, जैसा समय है।''

अजित : ''यह ठीक है। पर यह भी सम्भव है, कुछ दाल में काला देखकर उसने आत्महत्या कर ली हो, और पकड़ जाने के डर से गाँववाले छिपा रहे हों !''

कुछ देर तक दोनों सन्ध्या के प्रान्तर की तरह शून्य-जन, मौन बैठे रहे। विजय ने कहा, ''क्या करता, लाचार घर चला। रास्ते में संवाद मिला, पिताजी और माताजी का भी देहान्त हो गया है। छोटा भाई था, उसे भी सर्दी लग चुकी थी, दुःख, शोक और रोग से उसने भी प्राण छोड़ दिए। घर की रकम जमींदार के हाथ लगी। अचल सम्पत्ति कुछ थी नहीं। फिर जाना न जाना बराबर सोचकर यहाँ चला आया।''

अजित : ''तो क्या विचार है अब ?''

विजय : ''जो एक मनुष्य का होना चाहिए, लेकिन न जाने क्यों, कुछ दिनों से पुलिस पीछे लगी है। यहाँ रहूँगा, तो मुमकिन, तुम पर भी शक हो।''

अजित : ''अरे, यहाँ तो छह महीने से ससुरजी की बेटी जवान है, रोज देखने आते हैं।''

विजय : ''तब यही बात होगी, जो मुझ पर सन्देह है। तुम्हारे पत्र के कारण है।''

अजित : ''लेकिन तुम्हें मैंने कोई ऐसी बात तो नहीं लिखी !''

विजय : ''पत्र लिखा। सम्बन्ध है। शिकारी हो—राह चलता व्याघ्र को बू मिली।''

अजित : ''बड़े भाग्य हैं जी, एक शरीर-रक्षक हमारे साथ रहेगा।''

विजय हँसने लगा, ''ये गुप्त विभागवाले बकरे चुन-चुनकर, पौदों के सिर काटकर खाते हैं—पत्ते नहीं, नए कोंपलवाले डंठल। एक बार चर जाने पर फिर पौदा नहीं पनपता, धीरे से मुरझाता हुआ सूख ही जाता है।''

अजित ने विजय को बीड़ी दी। विजय ने इनकार किया। तब अपनी में आग लगा लापरवाही से कमरे को धूमायमान कर पुकारा, ''रामलोचन, जरा दो कप चाय तो बना लाओ।'' फिर विजय से पूछा, ''तो तुम अब क्या करना चाहते हो ?''

विजय : ''सोचा था, एम.ए. कर लूँगा, पर भाग्य में ऐसा नहीं लिखा, और डिग्री करूँगा भी क्या लेकर ?—नौकरी करनी नहीं, किताब पढ़कर समझने लायक लियाकत हो ही गई है। ईश्वर ने रास्ता भी साफ कर दिया है। अब तो तमाम भारतवर्ष अपना मकान है। उसी के लिए जो कुछ होगा, करूँगा—'जननी जन्मभूमिश्च स्वर्गादपि गरीयसी'।'' कहकर कुछ देर विजय चुपचाप बैठा रहा, फिर अजित से पूछा, ''तुम क्या करोगे ?''

अजित : ''तुम ईश्वर पर विश्वास रखते हो, ऐसा जान पड़ता है। मुझे तो ईश्वर के नाम पर अँधेरे के सिवा और कुछ नहीं नजर आता। हालाँकि मैं डी.ए.वी. स्कूल का पढ़ा हुआ हूँ। खैर, मैंने खराबी यह की कि पहले के परिचय के कारण ज्योतिःस्वरूप को अपने कमरे में टिका लिया। मैं नहीं जानता था कि ज्योतिःस्वरूप इस समय राजनीतिक अन्धकार पथ के यात्री हैं, इससे खुफियावाले हमेशा उन्हें राह बताने के लिए उनके साथ रहते हैं। नतीजा यह हुआ कि उनके जाने पर सरकार की राजभक्त रियाया की लिस्ट से, धर्म-भ्रष्ट हिन्दू की तरह, मैं भी जाति-च्युत किया गया, अर्थात् सरकार के परिवार से मेरी लुटिया-थाली अलग कर दी गई। साथ-साथ पूरे सेर-भर मिर्च की झार से पिताजी के सामने मेरे नाम पर छींट-फटकार की गई। मैं बुलाया गया। पिताजी ने पूछा, 'तुम्हारे पास ऐसे लोग क्यों आते हैं, जो सरकार के खिलाफ हैं ?' मैंने कहा, 'मुझे सरकार की खिलाफत का कुछ इल्म नहीं।'...'अबे गँवार, खिलाफत क्या कहता है, बी.ए. में पढ़ता है,' पिताजी गरज उठे। मैंने कहा, 'आप अपने खिलाफ का नाउन (विशेष्य) समझ लीजिए, मैंने उर्दू की वर्दी नहीं पहनी।'...'तो उनसे क्यों मिलता-जुलता है, जो सरकार के खिलाफ हैं ?' बड़े क्रोध से कहा। मैंने फिर गलती की, लेकिन भाव की नहीं, कहा, 'तो क्या वे सरकार के खिलाफ का तमगा लटकाए फिरते हैं ?' इसका कुछ जवाब न देकर मुझे घर से निकाल दिया। बड़े शिव-भक्त हैं पर अक्ल ऐसी ! बताओ, वह

शिवजी के बैल या शीतला देवी के शिष्ट वाहन से भी बढ़कर विशेषता रखते हैं या नहीं। इसीलिए "पितरि प्रीतिमापन्ने प्रीयंते सर्वदेवतः' तो यहीं तक समझो। माताजी फल्गु की तरह पिताजी के अज्ञात भाव से भीतर-ही-भीतर अर्थजल भेजवा देती हैं, किसी तरह बी.ए. पास कर लिया है, अब उन्हें भी तकलीफ नहीं देना चाहता। सोचता हूँ, जिनमें बदनाम हूँ, उन्हीं में मिल जाऊँ, जो होगा, होगा। लेकिन मुझे तो इसका कुछ पता भी नहीं मालूम। ज्योतिःस्वरूप को छोड़कर किसी दूसरे को जानता भी नहीं। उसे भी अब जाना कि ऐसा है। इस वक्त पंजाब में है। अगर पता चला, तो पहुँच तक के लिए गुनहगार हूँगा। तुम क्या कहते हो ?''

विजय : ''चलो, कांग्रेस का काम करें।''

अजित : ''कांग्रेस का हाल पूछो मत। यहाँ जो महाशय त्रिवेणी प्रसाद हैं, वह दोनों तरफ रेंगते हैं, ऐसे जीव हैं। मैं गया था। दूसरे दिन हजरते दाग फिर ऐसे बैठे कि उठे ही नहीं। समझे ? एक बात है। देहात में सिक्का जम सकता है। रायबरेली जिले में कुछ काम भी हो रहा है, और अभी महीने-भर पहले मैंने एक व्याख्यान भी दिया है। किसानों की सभा थी, मैं मामा के यहाँ से देखने गया था। लोगों ने कद्र की थी। वहाँ काम चल सकता है, और यह जो तुम्हारा प्रकरण है, इसका भी बहुत कुछ रहस्य वहाँ से मालूम हो सकता है। वहाँ के किसान मुझे पहचानते हैं। दो केन्द्र कर लेंगे, और कांग्रेस से न होगा, तो स्वतन्त्र रहकर काम करेंगे।''

विजय : ''ठीक है, चलो, कुछ अनुभव ही प्राप्त होगा।''

चाय पीकर विजय आराम करने लगा। अजित कुछ काम से, विजय से कहकर, बाहर चला गया।

सात

"सुराज क्या है रे ?" बुधुआ ने महँगू से पूछा।

"किसानों का राज।" गम्भीर होकर महँगू ने कहा।

महँगू व्यापारी है। लकड़ी का कारोबार करता है, देहात में खड़े बबूल, ऊसरों और काश्तकारों के खेतोंवाले, मोल लेता है। काश्तकारोंवाले किफायत से मिलते हैं, जमींदार अपने सिपाहियों से कटवाने में मदद करता है। महँगू को काफी मुनाफा हो जाता है। आठ महीने तक लकड़ी कटवाना, लदवाना और कानपुर में बेचना—यही महँगू का काम रहता है। चार महीने बरसात-भर जुआर, अरहर, तिल्ली, सन, मूँग, उड़द आदि की खेती कर घर रहता, फिर क्वार में चने और जव-चनी असींचे बो-बुआकर कार्तिक से अपना काम शुरू करता है। गाँव में शहर की खबरों का एक मुख्य रिपोर्टर—किसानों का, जमींदार से भी मिला हुआ, नेता ! गाँव के रिश्ते से बुधुआ चाचा लगता है, महँगू भतीजा !

"तो क्यों रे महँगू !" बुधुआ ने पूछा, "फिर ये जिमींदारी और पटवारी क्या करेंगे ?"

"झख मारेंगे, और क्या करेंगे ?"

बुधुआ कुछ समझ न सका कि ये देश में, गाँव में रहते हुए कैसे झख मार सकते हैं। महँगू भी गहराई तक नहीं समझता था। सुनता था जो कुछ, पचीसों उलट-फेर के बाद खुद भी न मानता था कि यह पुलिसवाली सरकार और जमींदार लोग लगान वाला हक छोड़कर ख्वाब की तरह कैसे गायब हो जाएँगे। पर दूसरों को नेताओं की तरह समझाना उसकी आदत पड़ गई थी।

बुधुआ ने डरते-डरते, पलकें तिलमिलाते हुए धीरे से पूछा, "ये कहाँ जाएँगे रे महँगू ?"

"तू तो बात पूछता है, और बात की जड़ पूछता है। गंधी महारानी का प्रताप ऐसा है कि इनके हाथ बँध जाएँगे, और बोल बन्द हो जाएगा। तब ये किसानों के तलवे चाटेंगे।" महँगू अपनी दाद खुजलाने लगा।

"तो लगान फिर किसको दिया जाएगा ?"

"किसी को नहीं, लगान दिया गया, तो सुराज कैसा ? विद्यार्थीजी समझा रहे थे, अबके जब मैं कंपू गया था।"

"तब तो बड़ा अच्छा है।"

मैकू भी खड़ा सुन रहा था। अपनी समझ पर जोर देते हुए कहा, "यह बूढ़ा हो गया, पर समझ रत्ती-भर नहीं। मैं लछनपुर गया था। वहाँ बाबू साहब के घर के लड़के कह रहे थे कि तिलक महाराज कहते हैं कि जमीन रियाया की है, जमींदार को लगान न दिया जाए।"

सुक्खू ने सानी करना बन्द कर, आवेश में आकर कहा, "जिसकी लाठी, उसकी भैंस। अभी गाँव-भर के आदमी मिल जाओ, दूसरा गाँव लूट लो।"

"बड़ी बातें न बघार।" सुक्खू के भाई लक्खू ने कहा, "सरकार ने तोप के बल हिन्दुस्तान फत्ते किया है, जबानी कैफियत से न छोड़ देगा। साले, कर देगा रपोट चौकीदार, तो चूतड़ की खाल निकाल ली जाएगी, बकने दे इनको आँय-बाँय। अभी शेर हैं, जिमींदार के सामने चूहे बन जाएँगे, नहीं तो चलेगा हंटर डिल्लीवाला।"

महँगू ने सोचा, कहीं इसने मुझे भी लपेटा, तो बड़े पेंच में

पड़ूँगा; फिर एक सूत न सुलझेगा। बदलकर बोला, "देखो न लक्खू भैया, तुम्हें रुई से काम, कपास का हाल क्या पूछते हो ? दुनिया है, कोई किसी रंग में, कोई किसी रंग में। शहर का हाल पूछते हो, बतला दिया; नहीं बात की जड़ पूछेंगे।"

नजदीक ही, निकास पर, बीरन पासी घर की बनाई शराब पिए, अपनी चौपाल में बैठा, नशे में बातचीत का मजा ले रहा था। ये छह भाई हैं। हरेक के दो-दो, चार-चार, छह-छह लड़के। इनमें भी आधे से अधिक जवान। छहो भाई अलग-अलग घर बनवाकर रहते हैं। रात को सबकी निगरानी होती है। मशहूर बदमाश। गाँव में हाथी मारकर ले आएँ, हज्म हो जाए। पुलिस पता लगाती रह जाए। गाँव-भर लोभ तथा भय से इनसे सहयोग करता है। इनकी बदौलत लोधों के यहाँ भी चाँदी के गहने हो गए। चोरी का माल चवन्नी कीमत पर बिकता है। ज्यादा सामान—सोना-चाँदी—गाँव तथा पड़ोस के महाजनों के यहाँ दूसरे-दूसरे रूप में मिलेगा। रामदीन सोनार सोना और चाँदी गलाकर दूसरे ढाँचे में गढ़ देता है। थानेदार और पुलिस के सिपाही ठेके से शराब नहीं खरीदते, बराबर बीरन वगैरा के यहाँ से चालान चौकीदार के हाथ जाता है। शक्ति, संगठन, कार्यकलाप, सभी तरफ से गाँववाले बीरन के खानदान से डरते हैं। गाँव का नेतृत्व बहुत कुछ इन्हीं के हाथ है। जमींदार भी इन्हें मानता है। बेगार, हल, बेड़ी, भूसा, रस आदि रकम सिवा इन्हें नहीं देनी पड़ती। इनकी रातवाली आमदनी काफी रहने पर भी ये तंगदस्त रहते हैं। इधर थानेदार की निगाह बदल गई है, क्योंकि कुछ रुपए—सब लोगों से केवल छह सौ रुपए उन्होंने माँगे थे—पर ये नहीं दे सके। पुलिस से तंग आ इन्हीं लोगों ने गाँव को सलाह देकर सभा कराई। पर बाहरी तौर पर सभा से बाहर थे। महँगू की चालबाजी से बीरन को बड़ा क्रोध आया कि पलट रहा है, बेचारे बुधुआ को पिटवाएगा। पहले से सलाह हो चुकी थी कि अब के महाजन से कर्ज लेकर लगान न चुकाया जाए। जिसके खेत की जैसी पैदावार हो, वह वैसा ही लगान दे। देखा जाए, जमींदार क्या करता है। बुधुआ बड़ा ही गरीब किसान है। फिर अब के उसके खेत की खरीफ डेढ़ हाथ से ज्यादा नहीं बढ़ी; वह भी जगह-जगह जली हुई। इसीलिए उसे सुराज की सबसे ज्यादा खोज है कि दो-चार रोज में मिल जाए, तो जमींदार

के कोड़ों से पीठ का निकट सम्बन्ध जाता रहे। बीरन यह सब समझता था। चुपचाप उठकर झूमता हुआ महँगू के पास पहुँचा, और हाथ पकड़कर, अकड़ से पूछा, ''क्यों रे साले, तू बबूलों का ठेकेदार है या सुराज का भी ? गाँव के गरीबों के बबूल काट लिए। जिनके खेतों में वे थे, उनके अनाज की पैदावार घटी या नहीं ? कुछ जगह बबूल छाँह मारते रहे ? फिर, खेतों का पूरा लगान सबने चुकाया ? तो बोल साले, वे बबूल किसानों के थे या जमींदार के ?''

महँगू के होश फाख्ता हो गए। लगा गिड़गिड़ाने, ''भैया, मैं कानून क्या जानूँ, मैं तो यही जानता था कि जो पेड़ जिमींदार बेचते हैं, वे उन्हीं के हैं। तुम कहो, तो मैं कान पकड़ता हूँ (एक हाथ से कान पकड़कर), अब कभी जो ऐसा काम करूँ।''

बीरन ने छोड़ दिया। सोचा था, 'इस साले के पीछे साल-भर और ससुराल हो आऊँ। सुराज समझाता है, ढफाली कहीं का ! हम लोग कलकत्ता, बम्बई, लखनऊ, इलाहाबाद तक पैज भरते हैं, पर किसी से नहीं कहते। दद्दा कमिश्नर साहब की कनात काटकर, ऊपर से डंडे-डंडे उतर गए। उनकी बाकस उठा लाए, ऐन मेले में, और सिपाही पहरा देते रह गए। कह-बदकर उठा लाए। तीसरे दिन बाकस दी। कमिश्नर साहब ने पीठ ठोंकी, और बहादुरी में नाम लिख दिया। वे जीते-जी मर गए, पर कभी अपनी जुबान से बहबूदी न बघारी। और, यह बित्ते-भर की मेख—जी में आता है, गाड़ दूँ साले को—जहाँ देखो, वहीं खटक रहा है।'

''तू ही कंपू जाता है ? विद्यारथी ने तो यह भी कहा है—क्यों, बुद्धू काका ? ('हाँ, बच्चा, कहा है,' बिना बात सुने बुद्धू ने गवाही दी, और मुँह बाए खड़ा रहा) कि बाजार से मुसलमानों का काटा बकरा न मोल लो, खाओ तो काटकर खाओ। ठेके से शराब न खरीदो, पियो तो बनाकर पियो—सूबेदार बाबा के लड़के हरनाथ काका कहते थे कि नहीं, गनेशपुरवाले ?''

बीरन से सहयोग करने के लिए, विशेष उत्साह के साथ, झूठ पर सच्चाई का जोर देकर सुक्खू ने कहा, ''अभी परसों तो मेरे सामने कहा, चारा लेने आए थे।''

''खबरदार, जो बात हो चुकी है, उससे कोई टला, तो खैर न समझे, फिर वह है या बीरन।''

सबको सूचना देकर बीरन अपने घर की तरफ बढ़ा ही था कि जमींदार का सिपाही दूसरी गली से आया, और बुधुआ को पकड़कर डेरे की तरफ घसीटा, "चल, मालिक बुलाते हैं।"

करुण स्वर से बुधुआ ने बीरन को पुकारा, पर बीरन ने सुनकर भी न सुना, दरवाजा खोलकर भीतर चला गया, और लोग भी लम्बे पड़े।

"वहाँ चल, उसको क्या पुकारता है। वहाँ कुमेटी का हाल पूछ, और देख आटा-दाल का भाव।" बुधुआ को घसीटता हुआ सिपाही डेरे ले चला।

जमींदार पं. कृपानाथ डेरे पर तप रहे थे। यह एक ही गाँव उनकी जमींदारी है। उनके पिता पहले होटल में रोटकरे थे। फिर लखनऊ में संडीले के लड्डू बेचते रहे। फिर कपड़े की फेरी की। बाद में सिंगर की दो मशीनें खरीदकर रूमालों का कारखाना खोला। धीरे-धीरे बड़े आदमी बन गए। इधर जब प्राचीन-राज-वंशावतंश नवीन सभ्यता की आग में ऋण के रुपए तृण की तरह फूँकने लगे और सभ्यता की ज्वाला राजा के बाद राज्य को भी दग्ध करने चली, तब सरकार ने यथाधर्म उपाय का जल सींचा, अर्थात् सम्पत्ति को बचाने का विचार कर कुछ गाँव नीलाम करना निश्चित किया। यह गाँव भी नीलामवाली नामावली में जुड़ा। इसके कई खरीदार खड़े हुए। पर कृपानाथ के पिता इस गाँव के ज्यादा नजदीक थे। अर्जी में इस निकटतम सम्बन्ध का उन्होंने उल्लेख भी किया कि चूँकि दूसरे खरीदारों से वह इस गाँव के ज्यादा नजदीक रहनेवाले हैं, इसलिए उनका हक भी ज्यादा पहुँचता है। बड़ी सिफारिशें करवाईं, हुक्कामों की मुट्ठी भी गर्म की। अन्त में सत्तर हजार का मौजा तीस हजार में उन्हें ही मिला। अब वह नहीं हैं, उनके पुत्र कृपानाथ जमींदार हैं।

बुधुआ को देखते ही कृपानाथ आग हो गए, "क्यों रे, अभी परसाल के लगानवाले दो रुपए बाकी हैं, नजर की बात नहीं, इस साल भी अधकरी का वक्त आ गया, तू देने का नाम नहीं लेता। देता है आज रुपए या मुर्गा बनाया जाए ?"

बुधुआ इतना घबराया कि उसकी जबान बन्द हो गई। खड़ा सिर्फ काँपने लगा, जो रुपए न रहने का रोएँ-रोएँ से दिया हुआ उत्तर

था। बुधुआ की हालत प्रायः अच्छी नहीं रहती। कारण जमींदार साहब स्वयं हैं। दूसरे खेतों से कम निर्ख पर जो खेत उसे देने की उन्होंने कृपा की, वे उपज में ऊसर के बराबर होड़ करनेवाले, प्रायः महाजन को डेढ़ी का नाज भी नहीं दे सकते। इसलिए बुधुआ का पेशा काश्तकारी केवल लिखाने के लिए है, करता हैं वह मजदूरी। इसी से पेट काटकर किसी तरह उसने यहाँ तक लगान चुकाया।

जवाब न पा जमींदार साहब ताव में आ गए। तब तक लक्खू भी पहले की बातचीत से घबराया हुआ, सफाई देकर बचने के विशद उद्‌देश्य से, जमींदार के पास आया, और बड़े भक्ति-भाव से प्रणाम कर, हाथ जोड़कर खड़ा हो गया।

"क्या है लक्खू ?" चालाक चितवन, पर सस्नेह स्वर से कृपानाथ ने पूछा।

"यही कि मालिक, गाँव बिगड़ रहा है।" हाथ मलते हुए लक्खू ने कहा। पाले की पलित अरहर-जैसे तमाम अंगों से मुरझाया हुआ, झुलसी-कलियों-सी आँखों में ओस के अश्रुकण, बुधुआ ने लक्खू को प्रखर-मुख किरण में, अनिमेषक्षण, कृपाकांक्षित देखा।

बुधुआ से लक्खू और लक्खू से जमींदार की ओर निर्झरी-सी वक्र फिरती हुई कृपा-प्रार्थना स्वाभाविक चाल से चलती रही। जमींदार को सक्रोध, सप्रश्न, साग्रह अपनी तरफ देखते हुए लक्ष्य कर बर्फ हुए लक्खू से हर्फ-हर्फ झूठ समाचार निकलने लगे। कहा, "यह सुराज की खोज में नेता की तरह तत्पर है। सरकार और जिमींदार के दो पाटों में रहकर पिसने से नहीं डरता। लोगों को अपनी लीक पर ले चलने को बछ्वे-जैरो फेरता फिरता है। कहाँ से भगवान जाने, इसके पास खबर आती है ! अब रियाया को लगान न देना होगा। दिन-भर इसी काम में तत्पर रहता है।" बुधुआ कमजोर था, और उससे लक्खू का कोई स्वार्थ न था, इसलिए उसने गुनाह बेलज्जत नहीं किया। पासियों के खिलाफ एक आवाज उसने नहीं उठाई। ऐसे प्रोपेगैंडा के पेच से सच्चा मतलब निकालते हुए बुधुआ को देर न लगी। अपने दरिद्र भाल पर मन-ही-मन कराघात कर ईश्वर-स्मरण करने लगा। लक्खू कृपा के पुरस्कार के लिए स्वामी के निश्छल सेवक की तरह हाथ जोड़े अचल, अनिमेष दृष्टि से खड़ा रहा।

एक तुच्छ गँवार किसान भी इतना कर सकता है, जमींदार न

समझे। उनकी समझ में निस्तरंग जल-तल की तरह उनकी जमींदारी के लोग बराबर वैपक्षिक शक्ति धारण करते हैं, फिर कल-कल स्वर से विरोध-प्रचार करने में सभी जल-मुख मुखर हो सकते हैं। इस बीज-मन्त्र के प्रायः सभी जमींदार प्रत्यक्ष भाष्य, जमीन की स्वल्पाधिक उर्वरा-शक्ति मानते हुए भी खाद के गुण-परिमाण से शक्ति परिणाम को भी साथ-साथ बराबर कर देते हैं। इसलिए बुधुआ के कार्य-कलाप पर सन्देह की छाँह को पेड़ भी मिला। अपने अहाते में अपने मातहत आदमियों के बीच, अपनी महत्ता के आप ही प्रमाण, हाथ में डंडा लेकर जमींदार कृपानाथ पशुवत् बुधुआ की बुद्धि को प्रहार से पथ पर लाने लगे। क्षीण, दुर्बल, मनुष्याकार, वह चर्मास्थि-शेष प्रत्यक्ष दारिद्र्य कृपा-प्रार्थना की करुण दृष्टि उन्मीलित कर रह गया। प्रहार से पीठ फट गई, मुख से फेन बह चला, वहीं पृथ्वी की गोद में वह बेहोश हो लुढ़क गया।

आठ

अजित के इंगित पर जीवन का पूर्व-निश्चित मार्ग स्थित कर उसी रोज शाम की गाड़ी से विजय अजित के साथ उस गाँव पहुँचा। अजित को गाँववालों से विजय का परिचय करा देना था। गाँव के बाहर एक मन्दिर और उसी से लगी हुई अतिथिशाला है। सामने चारों ओर से बँधा हुआ पक्का तालाब, बगल में कुआँ, फुलवाड़ी। कोई रहता नहीं। सुबह-शाम स्त्री-पुरुषों की भीड़ स्नान, पूजन और कसरत के लिए होती है। यहीं दोनों आकर कुछ देर के लिए विश्राम करने लगे।

बुधुआ के मार खाने के बाद लोग आपस में मिलते हुए रास्तों, खेतों और घरों में वही चर्चा करते रहे। इस साल भी जुवार की अच्छी उम्मीद नहीं। गत दो वर्ष रबी अच्छी नहीं हुई। अधिकांश किसान महाजनों के कर्जदार हो चुके हैं। इस साल भी कर्ज से लगान चुकाया था। अभी तक उनका पूरा ब्याज नहीं वसूल हुआ। अब कर्ज मिलने की कोई आशा नहीं, न लगान चुकाने की गुंजाइश है। महाजन दावा करने की धमकियाँ दे रहे हैं। इधर जमींदार का भी

जूता चलने लगा। छिप-छिपकर लोग पासियों की सलाह लेने लगे और उनके वीर-रस के व्याख्यान से पूरे प्रभावित हो, किसी का जरा-सा इशारा मिलने पर, विद्रोह के लिए—यानी बिना दाम के लगान न मानने के लिए—तैयार हो गए। जमींदार के चले जाने पर पासियों के पश्चात् सब लोग बुधुआ के घर गए। जमींदार ने उसे उठवाकर भेज दिया था। उसकी फटी पीठ और हाथों के स्याह दागों पर, जो डंडे पड़ने से पड़े थे, गर्म हल्दी बँधवाई और आपस में मिल जाने के सलाह-मशविरे करने लगे।

इसी समय विजय को लेकर अजित गाँव में पैठा। निकास के पास ही बुधुआ का मकान था। बाहर आदमियों को देखकर अजित सीधे, दूसरी राह छोड़कर गया। द्वार पर लोगों के रहने के कारण अंडी के तेल का दीया रखा था। छप्पर के नीचे कई मस्तक एक-दूसरे के इतने निकट थे कि पुलिस को तत्काल जुआ खेलने का शक होता। अजित ने अपना मुख-बन्ध मन-ही-मन तैयार कर, बढ़कर खुलती आवाज से पूछा, ''क्यों, सब लोग अच्छी तरह तो हो ? सभा के बाद फिर कोई खास बात तो नहीं हुई ? हमें पहचानते हो न ? सभा में हम आए थे।''

इतने परिष्कृत परिचय से कई पहचानवाले निकले। ऐसी असम्भाव्य घटना हुई कि लोगों को दुख की रात ही में सुखकर प्रभात हुआ, हृदय के कमल खुल गए। ''नेताजी आ गए।'' हर्ष के उच्च स्वर से सबने संवर्धना की। 'नेताजी आ गए'—यह खबर बीरन खुद गाँव-भर को सुनाने के लिए उठा, और 'जब तक वह गाँव-भर को वहीं बुला लाता है, तब तक वह कृपा कर बैठें'—यह प्रार्थना कर, दौड़ता हुआ अपने घर से कम्बल उठा लाया और छप्पर के नीचे बिछा दिया। विजय और अजित बैठ गए। प्रदीप का प्रकाश हो रहा था।

हर्ष में कर्तव्य का ज्ञान नहीं होता। लोग अब तक अपना धर्म, जो सुराज दिलानेवाला नेता के प्रति है, भूले हुए थे—जैसे वे अपना धर्म, अपने ही व्यक्तित्व पर निर्भर स्वराज्य के एक ही उद्देश्य से बहु-फल-प्रसू महान् कर्म भूले हुए सुख की प्रतीक्षा में पर-मुखापेक्षी हो रहे हैं, विजय और अजित अपने स्वाभाविक परिच्छेद में न थे। स्वेच्छा से नहीं; लोगों पर प्रभाव डालकर पक्ष-समर्थन के लिए भी

नहीं, केवल कर्म के प्रसार द्वारा सहानुभूति और सत्य के विस्तार के लिए उन्होंने गेरुए वस्त्र धारण किए थे। उन दिनों कानपुर में लाल-इमली-ऊलेन-मिल्स, कॉटन मिल्स-जैसे कारखानों में देशी वस्त्रों का चयन विदेशी मूल-सूत्रों के चयन से होता था, जिसका विस्तार देहात तक कोरियों और जुलाहों की गजी और गाढ़े में भी हो चुका था, शान्तिपुर, ढाका, बंगलक्षी, अहमदाबाद, सब जगह विदेशी सूत की ही आबादी थी। अतः इसके वसन के रंग तक में स्वदेशीपन न था। मिल के कपड़े गेरुए की मिसाल नारंगी रंग से रँगे थे; पर इनके भीतर जो रंग था, वह आज 1933 ई. में भी मुश्किल से मिलता है। नेताओं को प्रणाम करने के उद्देश्य से गाँव के लोग उठे, और भूमिष्ठ-मस्तक चरणोपान्त प्रणाम कर-कर श्रद्धा का भार इन दो दिव्याधरों पर रखने लगे। बीरन भी गाँव के आदमियों को, जिनमें अधिकांश किसान थे, लेकर आया। प्रणाम कर बीरन बुधुआ का हाल बयान करने लगा। कवि न होने पर भी प्रहार के वर्णन में उसने पूरा कवित्व प्रदर्शित किया—रूपक से रूप बाँधकर अत्युक्ति में समाप्त किया। आवेश में उसे यह न सूझा कि इतनी मार का केवल जिह्वाग्र द्वारा वर्णन होता है या कोई मनुष्य इतनी मार सहन भी कर सकता है।

गाँव में शूद्रों की ही संख्या है। प्रायः सभी किसान। कुछ ब्राह्मण हैं, जो अत्यन्त दरिद्र, बकरियों का कारोबार करते हैं, अर्थात् बकरियाँ पालकर बच्चे बकर-कसाइयों को बेचते हैं। दो-तीन घर ऐसे भी हैं, जो काश्तकारी करते हैं। ब्राह्मण होने के कारण गाँव के लोगों में उनकी पूजा है, पर तभी तक, जब तक वे गो-ब्राह्मण हैं। यह मनोभाव वे लोग समझते थे, इसलिए अपनी पूजा प्रचलित रखने के विचार से बराबर गाँव के अधिकांश लोगों के साथ रहते थे। इधर पासियों का प्राधान्य होने पर उन्हीं की प्रभुता मानकर रहते हैं। बुलाने पर सोलहों आने गाँव आया। बचाव की सबकी इच्छा थी, और एकाएक वैसे व्याख्यावाले सुराज के प्राप्त होने पर भी महामूर्ख ही फल-भोग से विमुख होगा। सब लोगों ने समस्वर से बीरन की वक्तृता का समर्थन किया।

बात बहुत अंशों में ठीक भी थी। विजय ने उस किसान को देखने की इच्छा प्रकट की। गाँववाले सावधानी से उसे भीतर ले

गए। बुधुआ को देखकर बीरन की अत्युक्ति विजय और अजित को छोटी जान पड़ी। मार के बाद घाव भीग चुके थे। हाथ-पैर फूलकर स्वाभाविक आकारों को अत्यन्त अस्वाभाविक कर रहे थे। बाकी दो रुपए लगान के लिए उसकी यह दुर्दशा हुई है—जानकर इन लोगों की दशा के सुधार के लिए विजय ने जान तक देने का निश्चय कर लिया।

सब लोग बाहर आए। जमींदार के उपद्रवों से बचने के लिए गाँव के लोगों को किस प्रकार संगठित होना चाहिए, एक अलग कोष सर्वसाधारण की भलाई के लिए एकत्र कर रखने पर मौके पर काम देता है, नहीं तो उपाय-शून्य गरीब रियाया जमींदार का मुकाबला नहीं कर सकती, फूटकर एक-एक आदमी जमींदार से कमजोर होने के कारण लड़ नहीं सकते, इसलिए उनका संगठन जरूरी है; जो भीख भगवान के नाम पर भिक्षुकों को दी जाती है, प्रतिदिन यदि उतना अन्न निकालकर एक हंडी में रख लिया जाए, और महीने के अन्त में गाँव-भर का अन्न एकत्र कर बेचा जाए, तो उसी अर्थ से एक शिक्षक रखकर वे अपने बालकों को प्रारम्भिक शिक्षा दे सकते हैं, जो तमाम दिन व्यर्थ के खेल-कूद और लड़ाई-झगड़ों में पार करते रहते हैं। जब तक रियाया अपने अर्थ को पूरी मात्रा में नहीं समझती, तब तक दूसरे समझदार का जुआ उसके कन्धे पर रखा रहेगा; अज्ञान के अँधेरे गढ़े से बाहर उजाले में खिले हुए फूलों से दूसरे देशों के किसानों की दशा और सुधार का ज्ञान प्राप्त करना यहाँ के किसानों के लिए बहुत जरूरी है। यहाँ लोग यह भी नहीं जानते कि किस तरह दस मन की जगह पन्द्रह मन अनाज पैदा किया जा सकता है; क्यों यहाँ के लोग इतने दुखी और सदा सताए हुए रहते हैं, आदि-आदि। किसानों की सुविधा, सुयोग और उन्नति के मर्म से भरी अनेक प्रकार की बातें विजय ने सुनाईं।

जो-जो चित्र वह खींच रहा था, सदियों के अन्धकार से मुँदे सबके हृदय का प्रफुल्ल पंकज प्रकाश पा जैसे एक-एक दल खोलता जा रहा हो, ऐसा आनन्द लोगों को मिला। अपने भविष्य की इस सुहावनी कल्पना में बीरन और उसके भाइयों को शराब के नशे में ज्यादा रंगीन, एक न जाना हुआ, न जाने कैसा स्वर्ग सुखकर छवियों में भुला रखनेवाला मालूम हुआ। हृदय के सागर ने पूर्णेंदु को प्राप्त

करने की लालसा के सौ-सौ हाथ फैला दिए। अब तक एक-दूसरे के प्रति द्वेष का विष भर रखनेवाले जो सर्प थे, सुखकर स्वर सुनकर, काटना भूल, मन्त्रमुग्ध रह गए।

अजित ने याद दिलाकर उस भाषण के मुख्य कार्य पर कहा, ''कल से कुछ चन्दा एकत्र करो, और यह नेताजी लड़कों को पढ़ाने का भार लेंगे। सिर्फ इनके भोजन का सब लोगों को प्रबन्ध करना होगा।''

''इससे अच्छी ऐसे विद्वान् नेता के रहते गाँव की रक्षा की और कौन-सी बात होगी,'' लोगों ने प्रतिध्वनि की—नेताजी के रहने पर जमींदार न सताएगा, रकम सिवा जो लगान की दूनी चाल में बढ़ रही है, रुक जाएगी, लड़के पढ़-लिख जाएँगे, गाँववालों को जैसे विधाता ने इच्छित वर दिया।

पर बीरन को इतने ही से विश्वास न हुआ कि गाँववाले सच्चाई से ठीक राह पर चले जाएँगे, जमींदार के बहकावे में न आएँगे। कई मर्तबे गाँववालों ने धोखा दिया है, मुमकिन है, अबके भी दें, इसलिए उसने कहा, ''भई, दूध का जला मट्ठा फूँककर पीता है। अबके सब लोग महादेव बाबा के थान पर चलकर कसम करो कि कोई एका छोड़कर जमींदार की तरफ न जाएगा।'' जो लोग गाँव की फूट से कई बार मार खा चुके थे, और पीछे अपने घर-द्वार, रुपए-पैसे, बाल-बच्चों की रक्षा के लिए, मनुष्यता से हाथ धो, महीनों तक जमींदार के पीछे-पीछे फिरते रहे, वे बीरन की इस बात से सहमत हो गए। पासी सब बीरन के साथ थे, इसलिए तमाम गाँव साथ हो गया। महादेवजी के मन्दिर में सब लोगों ने कसम खाई, ''जो गाँव से फूटकर अलग हो, वह दोगला है।''

एक ब्राह्मण के यहाँ विजय और अजित के भोजन का प्रबन्ध हुआ। कच्ची बन रही थी। गृहिणी ने पति से पूछा, ''ये नेता कौन जात के होते हैं ?''

''कोई जात है इनके ? रँगे सियार हैं, पेट का धन्धा एक कर रखा है।'' गम्भीर उत्तर मिला।

नौ

तीन-चार दिन तक अजित बुधुआ की सेवा तथा अपने केन्द्र के निश्चय के लिए विजय के साथ ही रहा। शोभा के सम्बन्ध में भी उसने बातचीत की, और समझा कि उसके लिए विजय के हृदय में स्थान है। यदि वास्तव में उड़ी हुई खबर झूठ है, पर ज्यादा झुकाव देश-सेवा की ही तरफ उसका है। शोभा को प्राप्त कर गार्हस्थ्य सुख की लालसा उसे नहीं, केवल शोभा को सम्मान की दृष्टि देखने से वह विरत न होगा। विजय की शिक्षा, अध्ययन और चरित्र नवीन यौवनों में ही जीवन की जितनी गहराई तक पहुँच चुके थे, अपने संस्कारों से जिस रूप में उसे बदल चुके थे, वहाँ से उसका प्रवर्तन जीवन का ही नष्ट होना था, किसी के इच्छित एक-दूसरे रूप में बदलना नहीं। अजित भी, स्वभाव के दूसरे परमाणुओं से गठित होने पर भी, सहानुभूति में विजय की ही तरह मनुष्य था। इसलिए मित्र से बातचीत कर एक बार और केवल समझ लिया, और अपने मुख्य उद्देश्य के साथ गौण का स्वरूप बतला, विजय से बिदा होकर उसकी ससुराल की तरफ गया। वह और कोई भी समझदार किसानों

की वैसी हालत में काम कर किसी भी जगह जड़ जमा सकता है, जिसे किसी प्रकार के भी दुःख को वीर्य के पुष्ट, सुदृश भुजों में निर्भय बाँधने का हार्दिक उत्साह हो, सुबोध अजित यह खूब जानता था।

वर्षा के जल के दबाव से तट और तराइयों को भी छापकर बहनेवाली क्षुद्र नदियों की तरह, सुराज की प्राप्ति से लगान न देने का कल्पित सुख जनता के दुख-हृदय के दोनों कूल प्लावित कर बहने लगा। पड़ोस के प्रायः सभी किसान इस प्लावन के सुख-प्रवाह में बह चले। बुधुआ के दुःख में सेवा करनेवाले, किसानों के बालकों को केवल भोजन प्राप्त कर पढ़ानेवाले विद्वान् स्वामीजी शीघ्रातिशीघ्र पड़ोस के गाँवों में प्रसिद्ध हो गए। उनके पहुँचने के दूसरे दिन प्रभात से उनके वस्त्रों का रंग और ज्योतिर्मय नेत्र देख जनता नेता कहना छोड़कर स्वामीजी शब्द अभिहित करने लगी। देखते-देखते अनेक गाँवों में साधारण किसान स्वामीजी के अनन्य भक्त हो गए। वे लोग अपने यहाँ भी वैसी ही योजना करने को उत्सुक हुए। विजय ने पाँच-छह गाँवों में जहाँ मदरसे दूर थे, और किसान-बालकों को पढ़ने की असुविधा थी, उसी तरीके पर साधारण शिक्षा देनेवाला, उसी-उसी गाँव का मामूली पढ़ा-लिखा, कलम की नौकरी करने में अयोग्य, गृहों में हताश रहनेवाला एक-एक युवक नियुक्त कर दिया।

बुधुआ बहुत कुछ अच्छा हो गया, पर अभी काम नहीं कर सकता। गाँव में टहल लेता है। पीठ के बरारों पर पड़ी पपड़ियों से मार के निशान साफ जाहिर हैं। दोनों हाथों में बाजू बाँधनेवाली स्त्रियों के स्याह दाग-जैसे गार के निशान कई जगह स्पष्ट हैं।

बुधुआ ने सुना, आज गाँव में डिप्टी साहब का दौरा है। दौड़ा हुआ बगीचेवाली शाखा में स्वामीजी के पास गया। लड़के पढ़ रहे थे। हाँफते हुए विजय को डिप्टी साहब के आने की खबर दी। उसकी इच्छा जानकर विजय उसे डिप्टी साहब के पास ले चलने को राजी हो गया। सुना, डिप्टी साहब एक पहर दिन रहने से शाम तक इजलास करते हैं, भवानीदीनवाले बाग में खीमे गड़ चुके हैं। दफ्तर, उनके मातहत अफसर, सिपाही और नौकर-चाकर आ गए हैं, डिप्टी साहब भी शिकार कर जल्द आनेवाले हैं, नाम है सरदारसिंह। गाँव के जमींदार और पटवारी सुबह से ही गाँव आए हुए किराए के

टट्टू-जैसे दौड़-धूप कर रहे हैं।

देखते-देखते चरण कुम्हार, पलटू अहीर, छक्कन और घसीटा चमार, लाला, गंगादीन, जगतू वगैरा मिश्र जातियों के कई आदमी स्वामीजी के पास उपस्थित हुए, और हाथ जोड़कर साक्षात् ईश्वर के सामने, जैसे अमित-विक्रम, इंगितमात्र से शासन चक्र चूर्ण कर सुखकर सुराज दिलानेवाले ऐंद्रजालिक नेता स्वामीजी के सामने परम भक्ति-भाव से नत-मस्तक खड़े हो गए। किसी भी मन्द संवाद से स्वामीजी को इनकी मानसिक दशा से प्राप्त दुःख के इतना दुःख न होता। डिप्टी साहब के शुभागमन से इन्हें कितने अशुभ की शंका है, इनकी भक्ति की छाप में मुद्रित हृदय के वाक्य-कलाप स्वामीजी ने पढ़ लिए। विशेष ज्ञान की प्राप्ति के लिए उन्होंने चरण से प्रश्न-पथ का प्रथम चरण रखा, "क्या बात है चरण ?"

"स्वामीजी, हर साल साहब आते हैं, और आबदस्त तक के लिए बासन मुझे भेजने पड़ते हैं। नौकर-चाकर जितने हैं, चपरासी तक, लोटे मलने की मेहनत बचाने को, मुफ्त के कमोरे ले-लेकर जंगल जाते हैं। गगरी, पर्छे, नाँद, कमोरे, बड़े से छोटे तक, एक बासन घर में नहीं रह जाता। महाराज, पाँच-छह रुपए का धक्का सहता हूँ।" चरण भक्तिपूर्ण व्यथा कहकर साश्रु अनिमिष रह गया।

डिप्टी साहब को नाँद भी देने पड़ते हैं, यह सोचकर विजय को हँसी आ गई। सकौतुक पूछा, "तो नाँद क्यों देते हो चरण ? डिप्टी साहब को सानी का भी शौक है ?"

"महाराज, घोड़े जो साथ रहते हैं।" विशुद्ध हृदय से चरण ने कहा।

"तुम्हें दाम नहीं दिया जाता ?"

"दाम मिलता होगा, तो जिमींदार की जेब में रह जाता होगा।" चरण ने तअज्जुब से सोचते हुए कहा।

"अच्छा, अब के दाम लेकर बासन देना या कह देना, नहीं है।"

फिर पलटू अहीर बढ़ा, और चिरकाल के प्रहार से जैसी प्रकृति बन गयी थी, उसी अभ्यस्त न्यस्त मुद्रा से टूटी आवाज, बोला, "महाराजजी, डिप्टी साहब को बीस सेर दूध बिना दाम देना मेरा काम है, और बीस सेर में भी उन्हें क्या होता है, पर मेरे पास इससे

ज्यादा का ठिकाना नहीं, बाकी गाँव से वसूल होता है !''

छक्कन और घसीटे ने शिकायत की, ''पहर-भर रात रही, तब से बीघे-भर की घास छीलकर छोलदारियों की जगह बनाई, अब मालिक कहते हैं, लकड़ी चीर दे। दाम कुछ नहीं मिलता।''

औरों ने भी बेगार की शिकायत की।

क्रोध से विजय का चेहरा लाल पड़ गया। पर उसने नहीं सोचा कि यह सब गाँवों में पैतृक अधिकारों की तरह अशक्तों पर शक्तिवालों के सनातन अधिकार में दाखिल है। सदर्प उसने कहा, ''क्यों तुम लोग ऐसा करते हो ? आपस के झगड़े में एक भाई की खोपड़ी में लट्ठ मारकर फाँसी में लटक जाते हो, और इस अन्याय के सुधार के लिए जान पर नहीं खेल सकते ? साहब तनख्वाह और दौरे के लिए राह-खर्च नहीं पाते ? फिर तुम्हें देने से क्यों इनकार करते हैं ? और अगर देते भी हों, तो अबके पता चल जाएगा कि वह जमींदार के पेट में जाता है या दफ्तर में ही हजम कर लिया जाता है।''

लोगों को जैसे आत्मा के भीतर बल प्राप्त हुआ हो, उनका मानसिक शरीर शक्ति के प्रवाह से धुएँ से गुब्बारे की तरह फूलकर, हर सिकुड़न को भरकर, जैसे यौवन में भी न प्राप्त किया हुआ पूर्ण हो गया। एक ऐसी हिम्मत आई, जो आज तक नहीं आई थी, जैसे 'मुश्किल-आसान' के सब मन में प्रत्यक्ष प्रमाण बन रहे हों।

''जब तक डरोगे,'' विजय ने कहा, ''डर पीछा नहीं छोड़ सकता, यही मुद्दतों से भरी हुई तुम्हारे अन्दर स्वभाव की कमजोरी है। अगर पढ़-लिख नहीं सके, और पढ़-लिखकर भी लोग कभी ज्यादा गिर जाते हैं, जब बुद्धि को बुरे स्वार्थ की तरफ फेरते हैं। खैर, तो भी तुम अपने स्वभाव को ऊँचा उठाने की कोशिश कर सकते हो। जब देखो, किसी काम के लिए दिल नहीं तैयार, तब जरूर-जरूर उसे करने से इनकार कर दो। अरे, मौत तो चारपाई पर होगी, फिर खुद क्यों नहीं उसका सामना करना सीखते ? अच्छा, जाओ, लड़कों की पढ़ाई रुक रही है।''

सब लोग चल दिए। चलते समय प्रणाम करना भूल गए, इतनी शक्ति भर गई थी भीतर, संस्कारों से बना-बनाया हुआ वह शरीर ही उन्हें भूल गया था। उस वक्त वह शक्ति-शरीरवाले बन रहे थे।

बड़े जोश से लौटे हुए जा रहे थे कि लाख माँगने पर भी बिना दाम बासन न दूँगा, बेगार हरगिज नहीं कर सकता—मैं नौकर हूँ ?

सौ कदम जाने पर छक्कन को अपने स्वरूप का ज्ञान हुआ—एक दफा पुलिस की बेगार का बुलावा आया था, वह घर से नहीं निकला। औरत ने कहा, वह नहीं है, तब पुलिस के सिपाही घर में घुसकर मारते-मारते उसे बाहर ले आए थे, और बेगार कराई थी। बोझ लेकर उसे थाने तक जाना पड़ा था। अगर उसे बेगार न करनी होती, तो चमार के बदले वह जमींदार होकर न पैदा होता ? जब वह ब्राह्मण-ठाकुर नहीं, तब ईश्वर ने ही उसे बेगार खटनेवाला चमार बनाकर भेजा है। करनी का फल तो सभी को भोगना पड़ता है।

जिस तरीके से विचार करने का उसे अभ्यास बाप-दादों से मिला हुआ संस्कार था, उसी उधेड़बुन में पहले ही की तरह जाल बुनकर अपने को उसने फाँस लिया और बड़ी देर से गायब रहने पर डरा। जमींदार उसे खोजते होंगे। यह कोई मामूली थाने के सिपाही नहीं, डिप्टी साहब हैं, जो इजलास में बैठकर फैसला करते हैं। हाँ को ना और ना को हाँ करने का जिन्हें पूरा अख्तियार है। उसे सजा कर दें, तो बाल-बच्चे भूखों मर जाएँ।

सोचकर, डरकर उसने कहा, "चरण काका, तो फिर क्या कहते हो ?"

जो दशा राह चलते हुए छक्कन की थी, वही चरण काका तथा और सबकी थी। चरण ने कहा, "स्वामीजी ने तो जबान-भर हिला दी, यहाँ तो बासन न गए, तो पीठ का चर्सा न रह जाएगा।"

"तो स्वामीजी किसी के साथ बाँस न बजावेंगे। लखुअरा ठीक कहता था," मधुआ ने कहा, "जिनके पास तोप और बन्दूक हैं, वे जबान से नहीं मान सकते।"

"तो तुम दोगे बासन ?" छक्कन ने पूछा।

"बासन देता हूँ, तो स्वामीजी का मान नहीं रहता; नहीं देता, तो मार खाता हूँ। कहो, सजा बोल दें डिप्टी साहब, तब चाक स्वामीजी न चलावेंगे, लड़के मर जाएँगे भूखों। इधर ठोकर भी पाँच-छह रुपए की पड़ती है।" चरण ने द्विविधा करते हुए कहा।

''भाई, हम तो जाएँगे,'' मधुआ ने कहा, ''एक दिन की मजूरी न सही।''

''भाई, सुनो, पलटू पलट नहीं सकता, पूरब के सूरज चाहे पछाँह में उगें।'' पलटू ने कहा।

''साले, अहिर का मूसर, कल से ढोर निकलना मुश्किल हो जाएगा। बड़ी वीरता बघारता है ! दरवाजे के खूँटे उखड़वा डालेगा जमींदार। है तेरे बिस्वा-भर कहीं जमीन, जहा ढोर खड़ा करे ?'' चरण ने डाँटकर कहा।

''मैं नदी पार ससुराल जा बसूँगा। वह कहती है, यहाँ ढोर मरे जाते हैं—न चारा, न घास; मेरे मायके में नदी के किनारे छाती-भर चारा होता है, और बिकता भी है सेंत। तू अपनी मिट्टी की सोच। साल-भर बर्तन गढ़ता है जिमींदार की मिट्टी से और एक रोज बासन देते मुँह बिगाड़ता है।'' लापरवाही में पलटू ने कहा।

बुधुआ (काँपते हुए) : ''लेकिन सब लोग कसम कर चुके हो कि कोई काम स्वामीजी और गाँव की सलाह के बिना न करोगे। अगर कोई करे, तो उसका हुक्का-पानी और गाँव के लोगों में उठना-बैठना बन्द कर दिया जाए। अब तुम्हीं लोग ऐसा कह रहे हो !''

''अरे, तो बासन लिए बैठा है कोई कि ले जाव। एक बात-की-बात कह रहा हूँ।''

''वाह रे चरण काका, तुमसे कोई सच-सच पूछे, तो तुम बात-की-बात कहो।''

''एँह ! गाँव चलोगे, तो पकड़ जाओगे, टहलते होंगे जम के दूत, मैं अब इधर से नाले में जाकर छिपता हूँ।'' पलटू राह काटकर दूसरी तरफ मुड़ा। यन्त्रवत् और लोग भी साथ हो लिए। सिर्फ बुधुआ रीढ़ टेढ़ी किए, उस पर एक हाथ रखे, एक हाथ घुटने से टेककर, दूने धैर्य से काँखता हुआ और धीरे-धीरे ढेंकी की चाल गाँव की तरफ चला।

दरवाजे पहुँचा ही था कि जमींदार साहब और कुछ सिपाही मिले।

''क्यों रे,'' गरजकर जमींदार साहब ने पूछा, ''चरना को देखा है ?''

और जोर से काँखकर, देर तक यक्ष्मा की खाँसी खाँसकर बुधुआ ने जवाब दिया कि कल से उसने चरण को नहीं देखा। और जमींदार तथा सिपाहियों को संभ्रम-सलाम कर घर का रास्ता लिया। उसकी मार से जमींदार साहब दिल से घबराए हुए थे कि स्वामीजी कहीं उसे लेकर खड़ा न कर दें, इसलिए उसे एक ऐसे काम से रखना चाहा कि तमाम दिन फुरसत न हो, और मेहनत भी न पड़े।

सोचकर उन्होंने कहा, ''बुद्धू, एक काम तो करो।''

डरकर बुधुआ रुक गया, त्रस्त आँखों से देखने लगा।

''तुम जरा हमारे गाँव तक चले जाओ, काम और कुछ नहीं, यह लो, बीमार हो, इसलिए चार आने तुम्हें मजदूरी देते हैं। लल्ला बीमार है, यह चिट्ठी लल्ला के मामा को दे देना, इसमें दवा देने का हाल लिखा है, वह पढ़ लेंगे। बस, इतना ही काम है।''

बुधुआ घबराया। मार से बचने के लिए इनकार न किया। चिट्ठी माँगी। जमींदार ने जेब से चुटका निकालकर लिखा, और कहा, ''लौटकर डेरे में पैसे ले लेना।''

''अभी चले जाओ बुद्धू।'' स्नेह-शब्दों में कहकर जमींदार दूसरी तरफ आदमियों की तलाश में गए। सिपाहियों को बुधुआ ने इतना कहते सुना, ''कहिए साहब, न मिले तो जाएँ, अब डिप्टी साहब आ गए होंगे।''

बुधुआ समझ गया। चिट्ठी लेकर वह जमींदार साहब के गाँव के बहाने सीधे स्वामीजी के पास फिर पहुँचा। बुधुआ वगैरा के आने के बाद कुछ लोग और वहाँ नहाने के लिए आ गए थे, और दूध-घी की चर्चा थी कि मुफ्त की गुनहगारी पड़ती है। स्वामीजी ने सबको देने से मना कर दिया था। लड़के छूटकर लौट रहे थे, आपस में बातचीत कर रहे थे, बुधुआ ने सुना।

स्वामीजी को वह चिट्ठी देते हुए उसने कहा, ''मुझे यह चिट्ठी घर पहुँचाने के लिए दी है।''

कुछ सन्देह में आ विजय चिट्ठी पढ़ने लगा। लिखा था, 'इसे शाम तक खिला-पिलाकर बहला रखना, छोड़ना हरगिज नहीं।'

पढ़कर, मुस्कुराकर विजय ने चिट्ठी रख ली, और कहा, ''यहीं रहो बुद्धू, तुम्हें जाना न होगा। देखो, भोजन पक जाए, तो यहीं खा लो, फिर सीधे डिप्टी साहब के पड़ाव को चलें। चरण वगैरा को

जानते हो, कहाँ हैं ?''

''हाँ, यहीं नाले में बैठे होंगे।''

''नाले में ?''

''हाँ।''

''नाले में क्यों ?''

''घर जाएँ, तो मारे न जाएँगे ? डरकर छिपे हैं।''

''तो जिन्दगी-भर छिपे रहेंगे ? जब निकलेंगे, तब न पिटेंगे ? तुम जानते हो, तो उन्हें बुला लाओ।''

बुधुआ नाले की तरफ चला। विजय स्नान कर भोजन पकाने लगा। चौका-बर्तन गाँव का कहार कर जाता है।

नाले में बैठे लोग उचक-उचककर देखते थे कि कोई आता तो नहीं। बुधुआ को देखकर चरण उठकर खड़ा हो गया। आँखों में शंका भरी हुई। सोच रहा था, घर में तो नहीं घुस गए।

पास जा बुधुआ ने कहा, ''स्वामीजी सबको बुलाते हैं। जमींदार ने हमें अपने घर भेजा था, स्वामीजी ने रोक लिया। अब देख, आज क्या गुल खिलता है।''

एक-एक करके छक्कन, पलटू, मधुआ वगैरा नाले से निकले और बुधुआ के साथ स्वामीजी के पास चले।

बड़ी देर तक जमींदार के पीछे-पीछे घूमकर, हैरान होकर दस बजे के बाद, सिपाही लोग जमींदार को कलेक्टर साहब के सामने याद करने का न्योता देकर चले गए। गाँव में ऐसा स्वागत था कि कहीं भी दरवाजा खुला नहीं मिला।

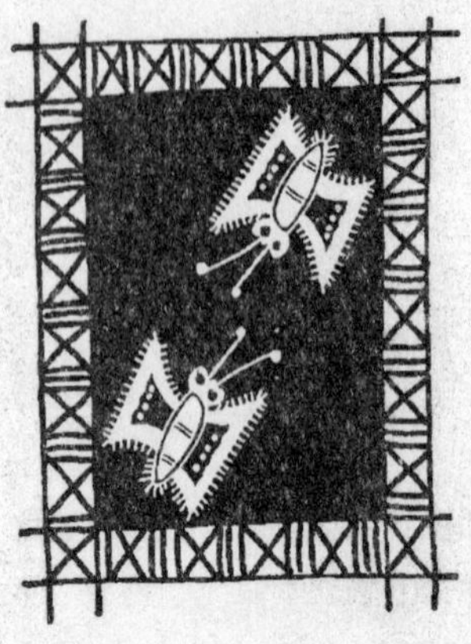

दस

दोबारा हृदय को बल मिलने पर सब लोग गाँव गए, और भोजनपान समाप्त कर दोपहर को स्वामीजी के पास लौट आए। गाँव में कोई उपद्रव नहीं हुआ। जमींदार साहब से नहीं मिले।

दोपहर कुछ ढलने पर सबको लेकर विजय डिप्टी साहब के पड़ाव को चला। कुछ ही दूर पर उनका खीमा था। नजदीक आकर देखा, हाल के पकड़े हुए चोर की तरह जमींदार साहब सिपाहियों के बीच में खड़े किए हुए थे। अभी तक डिप्टी साहब ने उनसे कोई कैफियत नहीं तलब की। वह दस बजे खीमे के भीतर गए हुए अभी तक बाहर नहीं निकले। चपरासी इधर-उधर बातचीत कर रहे थे, ''भूखों मार डाला साले ने, जी चाहता है, गोली मार दें।''

कोई-कोई आवाज विजय के कानों तक गूँज जाती है। उसने निश्चय किया कि आज आप लोगों को फलाहार-रूप सूक्ष्म भोजन के अतिरिक्त माल-मलाई की शायद विशेष सुविधा नहीं प्राप्त हुई, गर्म तवों पर घी न पड़कर एक-एक बूँद पानी पड़ रहा है, जिससे यह छनकार आ रही है, और चतुर्दिक् धूमायमान है। पटवारी एक

बार जमींदार को सिर उठाकर देख लेता है, फिर अपने कागजात में पहले से अधिक दत्तचित्त हो जाता है। गाँव के लोगों के जाने पर उसे जीवन में पहले-पहल अद्‌भुत प्रकार का भय हुआ। जमींदार साहब तो बुधुआ को देखकर अधमरे हो गए, और-और लोग जितने थे, उन सबसे भी आज के अभियोग का तअल्लुक है, भविष्य पर विचारकर जमींदार साहब का थूक सूख गया। जितनी गुंजाइश झूठ कहने की थी, जाती रही।

एक महुए के पेड़ के नीचे विजय लोगों को उनका खास-खास पाठ समझाने लगा, और पूरा भरोसा देकर कहा कि वे भय न करें; जो डरता है, उसकी बात बिगड़े बगैर नहीं रहती। जिसके दिल में जो कुछ है, साफ-साफ डिप्टी साहब से कहे। इसके लिए पहले बुधुआ को ही उसने ठीक किया, और समझा दिया कि सब लोग साथ रहेंगे, साहब के पूछने पर गवाही जरूर दें कि उनके सामने वह पीटा गया। बुधुआ से कह दिया कि मुकदमा चलाने के लिए कहें, तो कह देना, 'साहब, मेरे पास मुकदमा चलाने को रुपया होता, तो लगान ही वाले को न चुका देता। इतनी मार क्यों खाता ?'

और-और लोगों को भी उनकी मार्मिक बातें समझाकर निडर कहने के लिए भेज दिया कि साहब के निकलते ही सब लोग बढ़कर लम्बी दंडवत् करना और बुधुआ को अपनी राम-कहानी कह लेने देना। विजय उसी पेड़ के नीचे बैठा रहा।

दौरे में हाकिमों को प्रायः मौका देखना पड़ता है। यहाँ भी एक ऐसा ही मामला था। सरहद के दूसरे गाँव के जमींदार ने एक बाग बेदखल करने की अर्जी दी थी। उनके हिसाब से बाग बंजर था और लावारिस। बाग के स्वामी स्वर्ग सिधार गए थे। तीन और हकदार खड़े हुए। दो दूर से भैयाचार, जिन्होंने बाग के अधिकारी के साथ मरने से पहले तक तअल्लुक नहीं रखा, मरने के बाद दोनों ने सिर घुटाकर क्रियाकर्म कर डाला, और कई महीने हो चुकने पर भी लोखर और लोटा लेकर अदालत पेश होते थे; तीसरा हकदार उस मृत मनुष्य का नाती, लड़की का दूध-पीता लड़का था। पर वह लड़की उसी बाग के अधिकारी रामनाथ सुकुल की है, अदालत में इसका पूर्ण प्रमाणाभाव था। मृत रामनाथ के भैयाचार, जमींदार और पटवारी हाकिम को पूछने पर इनकार कर गए थे कि वह रामनाथ

की लड़की थी। रामनाथ के कोई लड़की थी, यह भी किसी को मालूम न था। क्योंकि रामनाथ के जीवन-काल तक किसी लड़की को किसी ने नहीं देखा। भँवर में चक्कर खा एक तरफ को झुकी हुई अब डूबी, तब डूबी नाव के सवारों की तरह रामनाथ की युवती कन्या और युवक दामाद की दशा थी। मछुए के बृहत् जाल में जैसे गाँव की सभी मछलियों को जमींदार ने अपनी तरफ अपनी पकड़ में, अपने ही दयावारि के वश कर रखा था। दूसरे जमींदार अपने किसी दूसरे जमींदार भाई के ऐसे मामलात में दस्तंदाजी नहीं करते, न अपनी रियाया द्वारा होने देते हैं। अभिप्राय यह कि कन्या और दामाद सब तरफ निराश हो चुके थे। महुए के नीचे कुछ आदमियों को देखकर पति को लेकर रामनाथ की लड़की उधर ही चली। गोद में उसका बच्चा मुरझा रहा था। माँ के कपोलों पर आँसुओं के कई सूखे तार लुप्त जल भरे हुए नदी-पथों का प्राचीन प्रवाह सूचित कर रहे थे। बड़ी चेष्टा करने पर भी, दुधमुँहे बच्चे को उसकी जीविका से जीवन दे, गाँव की कन्या और गो पर कृपा करने की बार-बार प्रार्थना करने पर भी जल में रहकर मगर से वैर करनेवाला कोई भी न निकला। रामनाथ की कन्या गाँव या बिलकुल पड़ोस में परिचय का प्रमाण न पा हताश हो चुकी थी। पर मनुष्य की आशा बड़ी अद्‌भुत है। महुए के नीचे कुछ आदमियों को देखकर पुनश्च कुछ आश्वस्त हो बढ़ी।

"भैया !" विजय को लक्ष्य कर पूछा, "तुम इसी गाँव में रहते हो ?"

"हाँ, क्यों ?"

युवती अपना हाल कह गई। विजय ने अपने आदमियों से पूछा।

जगतू ने कहा, "यह सरजू बुआ हैं, रामनाथ दादा की बिटिया, वह उनकी बाग है, आम बीनने आती थीं, जब ब्याह नहीं हुआ था, हम लोग आम छीनकर खाते थे, और रुलाते थे। क्यों बुआ, है याद ?"

बुआ के आँसुओं से सूखे, चर्राए कपोलों पर, दुख के समय भी, बाल्य की एक सुखकर स्मृति से, लाज-विजड़ित मन्द सहृदय हँसी चक्राकृति फैल गई।

विजय ने कहा, ''आप निश्चिन्त रहें, जरूरत पड़ने पर आप जगतू तथा दो आदमियों को शिनाख्त के लिए फिर ले जाएँ। यह भी कह दें कि गाँव जमींदार का है, गाँव से गवाह नहीं मिल सके, लोग जमींदार से दबते हैं। हाकिम को विश्वास हो जाएगा। जरूरत पर जबानी कहला दें। अगर आज फैसला न हुआ, तो ये दूसरी जगह भी नामजद होकर गवाही दे आवेंगे। पर हाकिम को विश्वास है, जान पड़ता है, इसलिए भैयाचारों की हिम्मत और भैयाचारी वह देख रहे थे कि लड़की के सम्बन्ध में क्या कहते हैं, अब आपका लड़की होना साबित होते ही उन सबका मुकदमा हारेगा, और बाग बेदखल होने लायक हैसियत से गिरा हुआ नहीं, यह तो हाकिम खुद मौका देखकर समझ जाएँगे—बाग खूब भरा है न ?''

''भरा ? स्वामीजी, पन्द्रह से कम भेड़िए न निकलेंगे, और आम, महुए, जामुन, खीरनी, बेर, इमली, कैथे, पीपल, पकरिया, इनके अलावा हजारों झाड़ और चारों ओर से कँटीली झाड़ियों का घेरा, बाग है पूरा वन ! यह देखिए, बेनई देख पड़ती है।'' जगतू ने उँगली उठाकर बाग दिखलाया।

बुधुआ इन बातों से दूर पूरी एकाग्रता से साहब के निकलने की प्रतीक्षा कर रहा था। मन-ही-मन वह कितने बड़े प्रतिशोध के लिए तैयार !—ऐसा मौका उसे कभी नहीं मिला। आज जमींदार साहब से आँखें मिलाते हुए वह बिलकुल नहीं डरता। वह निर्दोष है, फिर भी उसके हृदय में कितने बार एकान्त में अपने दुर्बल तार झंकृत कर-कर शक्तिमानों से उसे निरस्त रहने की सलाह दी है, यह सब स्मरण, सब दौर्बल्य एकत्र हो, वाष्प के मेघों की तरह पूर्ण प्राबल्य से सूर्य को घेरकर उसे समझा देना चाहता है कि तपन के विरोध में सिक्त करने की वह कितनी शक्ति रखता है।

डिप्टी साहब को मौका देखने के लिए जाना था। जमींदार साहब ने किस प्रकार स्वागत किया था, इसका प्रमाण भी उन्हें दूसरे दिनों की तुलना में आज का भोजन दे चुका था। जमींदार से वह नाराज थे, इसलिए कि दाम देने पर भी सामान नहीं जुटा सका। अवश्य दाम का कहीं नाम तक नहीं लिया गया। दाम की आशा होती, तो माल आशा से कुछ अधिक मिलता। पर कर्मचारी लोग जहाँ आँख दिखाकर धर्म पालन करा लेते हैं, और दाम खर्च की

तालिका पेश कर अपनी जेब में रखते या आपस में बाँट लेते हैं, वहाँ दाम के सम्बन्ध में वे इतने उदार क्यों होने लगे, फिर जब जमींदार स्वयं उनका खर्च चलाते हों ? कर्मचारियों की तरह जमींदार भी फायदे में रहते हैं। माल उनके घर से नहीं जाता। वह सिर्फ आठ-दस सेर आटा और डेढ़-दो सेर दाल घर से मँगवा देते हैं। बाकी सब्जी, घी, दूध, मिट्टी के बर्तन और गड़रियों के बकरे तक रियाया से लेकर देते हैं। मुनाफा यह होता है कि कर्मचारियों से उनकी पहचान बढ़ती, अदालत में काम निकलता है। इसीलिए, डिप्टी साहब के आने पर, सिपाहियों के साथ आजकल के सुशासन के तौर पर कलेक्टर साहब का अतिरंजित प्रचार और प्रजा की श्रद्धा की जगह भय मुद्रित कर टेढ़ी उँगलियों घृत निकालने की कहावत चरितार्थ करते हैं।

अबके ऐसा नहीं हो सका। केवल आटा-दाल और एक रुपए का घी और तीन-चार सेर तरकारी दूसरे गाँव से खरीदवाकर भेज दिया था। डेरे के सिपाहियों का दो सेर दूध था, वह दूध चला गया था। इससे डिप्टी साहब और उनके कर्मचारियों को ही पूरा नहीं पड़ा, सिपाही-चपरासियों की बात क्या ? पर देवता के गण प्रभाव में बड़े होते हैं, ऐसा शास्त्रकारों ने लिखा है। देवता थोड़े उपचार से प्रसन्न हो सकते हैं, पर उपदेवता बिना बलिदान के बात नहीं करते। डिप्टी साहब के धैर्य के लिए चीज न मिलने की कैफियत काफी होती, पर सिपाही और चपरासी कभी कैफियत नहीं देखते। उन्होंने कर्मचारियों से सलाह कर साहब से कह दिया कि जमींदार ने दाम देने पर भी कोई मदद नहीं की, उलटे कहा, "मैं डिप्टी साहब का नौकर हूँ ? चीजें कहाँ मिलती हैं, चपरासियों को पता नहीं था, कचहरी का वक्त हो जाने के कारण वे दूसरे गाँव नहीं जा सके, कमर बाँधकर तैयार हो गए, भूखे खड़े हैं।" डिप्टी साहब को इसके प्रमाण की जरूरत नहीं हुई, क्योंकि ऐसा मुकदमा अभी तक उनके पास नहीं आया। जमींदार को बुलवाकर उन्होंने बाहर बैठाल रखा। अब निकलकर सरकार क्या होती है, अच्छी तरह याद करा देंगे।

डिप्टी साहब अपने खीमे से निकलकर बीस कदम बाहर आए थे कि सिपाहियों के रोकने पर भी गिड़गिड़ाता हुआ बुधुआ पैरों पड़ने के लिए जमीन पर लम्बा होकर एक हाथ से खुली पीठ के

बरारे दिखाकर रोने लगा।

डिप्टी साहब को उसकी दशा पर दया आ गई। स्नेह-स्वर से उसे अभय देते हुए रुककर रोने का कारण पूछा, बुधुआ और फफक-फफककर सान्त्वना से उच्छ्वसित हो-हो रोने लगा। डिप्टी साहब परीक्षा की दृष्टि से पीठ के बरारे देखते हुए स्वयं बोले, "किसी ने मारा है इसे।" उस उच्छ्वास से रोते हुए रुक-रुककर बुधुआ ने कहा, "जमींदार कृपानाथ ने दो रुपए बाकी लगान के लिए मारा है।"

अब तक विजय तथा और-और लोग, जो अपने-अपने मुकदमे में या दर्शक की हैसियत से गए थे, एकत्र हो गए। कुछ सिपाही जमींदार साहब को घेरे हुए वहीं खड़े थे। धीरे से किसी ने कहा, "हुजूर, जमींदार साहब हैं इसी मिजाज के।"

साहब रुक गए। पटवारी को बुलाया। भय और श्रद्धा के कूबड़ से भार-ग्रस्त केवल सिर उठाए ऊँट की चाल से दौड़ता हुआ पटवारी आया। साहब ने कहा, "इसके जोत की पैदावार परसाल की क्या है, बताओ।" सलाम कर पटवारी ने कहा कि साहब की आज्ञा न रहने से पैदावारवाली बही वह नहीं ले आया, हुकुम हो, तो कल लाकर पेश करे। बुधुआ से साहब ने कहा, "तुम जमींदार पर मुकदमा चला सकते हो।" जैसा सिखलाया हुआ, बुधुआ ने कहा, "हुजूर, रुपया होता, तो लगान न चुका देता, मार क्यों खाता ?"

साहब ने जमींदार को पूछा। बढ़ाकर सिपाहियों ने परिचय करा दिया। कृपानाथ की जबान से निकला, "हुजूर, ये लोग कांग्रेस में मिले हैं, और एक आदमी वह खड़ा है, तमाम गाँव बिगाड़े हुए है। सारी करामात इसी की है।"

साहब ने विजय की तरफ देखा। विजय बढ़ गया। न जाने क्यों, साहब के मन में विजय के प्रति इज्जत पैदा हुई, पूछा, "आप कांग्रेस में हैं ?"

"जी नहीं।"

"आप यहाँ के रहनेवाले हैं ?"

"जी नहीं।"

"फिर यहाँ क्यों हैं ?"

"किसान-लड़कों को पढ़ाना मेरा लक्ष्य है, मैं और कुछ नहीं

करता। जो भीख गाँव से बाहर मुफ्त जाया करती है, उसकी दुअन्नी से भी कम में मेरे-जैसे तीन शिक्षकों की गुजर हो सकती है, केवल भोजन कर गरीबों को शिक्षा देना मैंने अपना लक्ष्य कर लिया है।''

साहब ने आपादमस्तक विजय को देखा।

''आप संन्यासी हैं ?'' पूछा।

''जी हाँ, यह काम अब तक संन्यासियों के ही हाथ रहा है जो कम लेकर ज्यादा देते रहे।''

''आप कहाँ तक पढ़े हैं ?''

''मैं बम्बई विश्वविद्यालय का ग्रेजुएट हूँ।''

डिप्टी साहब नौजवान थे। हाल ही कॉलेज छोड़ा था। तब तक विद्या और विद्यार्थियों की प्रेम-वर्षा शासन-समुद्र में मिश्रित हो लवणाक्त न हुई थी। प्रेम से पास बुला विजय से गाँव के इस उपद्रव का कारण पूछने लगे। विजय ने जमींदार की चिट्ठी निकाली। बुधुआ के हटाने का मार ही कारण है कि साहब के पास प्रमाण न पहुँचे, सुझाया। काट पर डाट ऐसी बैठ रही थी कि साहब बिना विश्वास किए रह नहीं सके। फिर चरण, छक्कन, घसीटा, पलटू आदि को बुलाकर रसद का छिपा रहस्य समझाया। रियाया पर होते हुए ऐसे-ऐसे अत्याचारों का उन्हें बिलकुल ज्ञान न था। जिस विषय में उनके कर्मचारी तक सटे हुए थे, उसका उन्होंने केवल ज्ञान प्राप्त कर लिया, प्रसंग न उठाया। चिढ़कर जमींदार के लिए आज्ञा दी, ''इसे हटा दो।''

सिपाहियों ने ब्याज-समेत वसूल किया, यानी कुछ दूर तक कान पकड़कर घसीटा, फिर धक्के लगाकर रिस बुझाई। विजय से साहब ने कहा, ''आपके ऐसे कार्य के लिए मैं हृदय से आपको बधाई देता हूँ, अगर कांग्रेस से आपका तअल्लुक नहीं।''

फिर साहब बाग की तरफ बढ़े। विजय अपने आश्रम की ओर चला। कुछ आदमी सरजू बुआ की गवाही के लिए रह गए। गवाही हुई और बाग की हैसियत बाग लिखकर साहब ने रामनाथ के नाती को ही वह हिस्सा दिया।

गाँव में चारों तरफ किसानों में विजय की जय-वैजयंती फहराने लगी। जिन-जिन गाँवों में अभी तक किसी शिक्षा का प्रसार न हुआ था, वहाँ-वहाँ होना निश्चय हो गया। वहाँ के कई गाँवों का विजय

प्रमुख मनुष्य माना जाने लगा। जमींदारों ने रिपोर्टें डरकर न कीं कि डिप्टी साहब की स्वामीजी पर कृपा है, कहीं उलटा फल न हो। विजय भी अपने निश्चय के अनुसार पूरी ताकत से शिक्षा के विस्तार पर लगा। उसके पास कुछ ऐसे भी लड़के आने लगे, जिन्होंने पासवाली पाठशाला से चहर्रूम पास किया था, पर अर्थाभाव के कारण मिडिल पास करने तहसील-वाले मदरसे नहीं जा सके।

ग्यारह

अलका पिता के सुखकर वृन्त पर प्रस्फुट कली-सी कल्पना के समीर से अपनी ही हद में हिल रही है—सरोवर के वृक्ष पर फलित एक किरण उसके नवीन जीवन की चपलता। ज्ञान में भी नहीं जानती, जीवन का ऋतुराज तन्वी को कुछ पृथुल कर, उसमें मधु सुरभि भर, अपलक ज्योति से सजाकर कब दृष्टि से ओझल हो गया—ऐसी सुघर, साँचे में ढली वाणी की वीणा बना गया कि कोई भी मनुष्य उसे देखकर क्षण-भर चकित हो सोचे, ऐसी छवि उम्र-भर कभी नहीं देखी। इतना जादू, जैसे जागरण के बाद स्वप्न-स्मृति सदा पलकों पर—विस्मृति की सलील सलिल-राशि से उठी हुई भूली परी एकाएक रूप में निखरकर सामने खड़ी हो गई हो ! प्रातः रश्मि-सी पृथ्वी की पलकें ज्योतिःस्नान करती हुई, मनुष्यों के परिचय को सूक्ष्मतम किरण-तन्तुओं से गूँधती हुई, जग के जीवों को एक ही ज्योतिर्मय हारकर ! किंशुक की देह की डाल जैसे पुष्पांशुक से ढक गई ! वह स्वयं कोई कारण नहीं खोज पाती—वह इतनी असाधारण क्यों हो गई ? पिता के पास कुछ भी ऐसे विलासवाले उपकरण नहीं जो

अपना भिन्न-भिन्न आभरण नाम धारण कर, खौलते हुए दूध की तरह उफानों से अपनी विशालता का परिचय देते रहें, और मनुष्यता के पात्र को ही छापकर छलक जाएँ। फिर भी न जाने वह कौन-सी शक्ति उस साधारण बगीचे की कली को भी बादशाह-जादियों की नजरवाली कली की तरह उभार-उभारकर चटकने के लिए विवश कर रही है ! प्रति अंग पर कितना उच्छ्वास—कितना हास—कितना विलास ! पिता उसके अज्ञान के भीतर से निकलते हुए दार्शनिक सूत्रों का अपूर्व चमत्कार देख, प्रमाण पा, चकित होकर ज्ञान की हद में निर्वाक् बँधे रह जाते हैं, खुलकर उसे कुछ नहीं कह सकते। वह सबको समान स्वातन्त्र्य उपभोग के लिए देते आए हैं, यह उनका स्वभाव है, इसलिए अलका के उस विकास पर उन्होंने दबाव नहीं डाला। धीरे-धीरे एक साल पार हो गया, पर विजय की खबर न मिली। अलका को ऐसा दिन नहीं जाता, जब एक बार अपने अन्तरतम प्रदेश में पिता की आँख बचाकर चुपचाप अपने अदेख पति से वार्तालाप न करती हो। कितनी शक्ति वह मौन तन्मयता प्रियतम के हृदय में भर देती है, किसी दार्शनिक को क्या मालूम ! किस प्रकार बार-बार विजय अपने कार्य के लिए एक अपराजिता प्राणों की पूर्ण शक्ति का प्रवाह प्राप्त करता, जहाँ से वह आती है, वहाँ—उस तपस्या, शान्ति, जीवन की चिर-संगिनी की ओर उसे न फेरकर, दूसरी ओर, लोक-कल्याण के लिए किस तरह फेरता है, इसकी दार्शनिक व्याख्या करने में कौन समर्थ है ? जिस अलका द्वारा अज्ञात इंगितों से विजय को सत्य-प्रेम का यह बल प्राप्त होता है, उसी अलका को अपने हृदय के श्रुति-कल्पित कलंक भावना से विजय क्या विष अज्ञात भाव से दे रहा है ?...यदि इसका फल अलका के भविष्य जीवन में विपरीत हो, तो क्या विजय सोच सकता है कि उसे सत्य से असत्य के मार्ग पर ले चलने का सबसे अधिक उत्तरदायित्व विजय का ही था ? संसार के किसी भी प्रश्न का यथार्थ उत्तर नहीं मिला; देवता भी उतरकर नहीं दे सकते !

सावित्री पहले दो-तीन महीने तक रही, फिर बालिकाओं की शिक्षाक्रम में बाधा पड़ रही होगी, सोचकर गाँव चली गई। पिता और अलका को तकलीफ होने के विचार से एक चतुर दासी देख-रेख के लिए और एक ब्राह्मण भेज दिया। अलका पढ़ रही थी, दैनिक

गृह-कर्म उससे कराना उसने अनुचित समझा।

अलका के रहन-सहन में सावित्री के स्वभाव का पूरा प्रभाव पड़ा। ऐसी पढ़ी हुई कुशल विदुषी की तरफ, उसके कार्यकलाप से अलका का विद्यार्थी मन आप खिंच गया, चुम्बक की ओर लोहे की कमजोर सुई की तरह। सावित्री कभी शृंगार नहीं करती, सुहाग का एक भी चिह्न नहीं धारण करती। इस सम्बन्ध में एक रोज अलका से उसने कहा था, "सुहाग प्राणों का विषय है, किसी चिह्न का धारण उसे धवल नहीं करता। दागे हुए साँड़ या कम्पनी-विशेष के घोड़ों की तरह किसी देवता या पुरुष के नाम चढ़ जाने की मुहर लगाकर फिरना स्त्रियों के लिए सम्मानजनक कदापि नहीं।" सावित्री सिन्दूर, टिकुली, चूड़ी आदि कभी नहीं पहनती, पर उसके हृदय में अपने पति के प्रति अपार प्रेम है। अलका पर इसका प्रभाव पड़ा। कुछ ही समय में सत्य इसे भी जँचने लगा; बिना किसी भूषण के अलका हलकी रहने लगी, मन पावन चिन्तन में स्वस्थ रहा।

स्नेहशंकर अलका को पढ़ाते और साथ लेकर लखनऊ के दर्शनीय स्थान दिखा लाते हैं। नाटक, सिनेमा और कभी-कभी मित्रों के मकान भी अलका साथ जाती है। एक-एक उद्‌देश्य का सभी को नशा रहता है। पुस्तकें लिखना और अलका को एक बार ज्ञान में प्रतिष्ठित करके देखना—ये ही दो स्नेहशंकर के सम्मिलित उद्‌देश्य हैं। कुछ पढ़ी-लिखी अलका पहले से ही थी, अब परिश्रम कर पिता की योग्य उत्तराधिकारिणी होने चली। स्नेहशंकर अँगरेजी भी सामयिक प्रधान भाषा जानकर पढ़ाते थे। नाटक, सिनेमा आदि बहुत-से ऐसे थे, जिनके प्रति स्नेहशंकर की अपनी कोई प्रेरणा न थी, खासकर हिन्दी, उर्दू में तो एक भी नाटक-सिनेमा उन्हें पसन्द नहीं आया। वह जैसे चाहते थे, जनता की चाह उससे बहुत पीछे थी। वह केवल दो-तीन घंटे में एक सचित्र पुस्तक पढ़ा देने, सामाजिक रुचि की आलोचना कर अलका की दृष्टि को समयानुकूल तथा मार्जित कर लेने के विचार से नाटक, सिनेमा आदि देखने जाते थे।

ज्यों-ज्यों शिक्षा गहन हो चली, त्यों-त्यों अलका के विचारों में उन्हें फूलों से फल का निश्चय होने लगा। अलका का मन कलरव से अलग, आकाश की तरह जीव-जग से ऊपर रहने लगा। स्वभाव में गम्भीर रहनेवाले अपने अज्ञान को ही ओढ़कर गहन बन जाते हैं,

इसकी व्याख्या वह पिता से सुन चुकी थी, और उनके कितने ही मित्रों को मिलते समय ज्ञान-गम्भीर बनते देखकर मन-ही-मन हँस चुकी थी। उसकी तमाम क्रीड़ाओं में हृदय से स्वच्छ होंठों पर आई मधुर ब्रीड़ा पढ़-पढ़कर स्नेहशंकर अपने उद्देश्य में स्थिर होने लगे।

विचार, वयःक्रम, पिता तथा दीदी की मुहर से प्रतिदिन वह स्पष्टतर छप-छपकर निकलने लगी। बाल्य का खोया चापल्य उस खुले बालोंवाली, नग्न-पद अमल अलका पर, च्युत-राज्य राजा की पुनः अधिकार-प्राप्ति जैसे, प्रतिष्ठित होने लगा। विद्यार्थिनी पर तारुण्य की सब निर्दोष प्रचलित क्रीड़ा प्रथाएँ प्रभाव छोड़ अपनी तरफ खींचकर लिप्त करने लगीं। टेनिस का गेंद ले उछालती, दौड़ती, पकड़ती हुई छत तथा भीतर मकान का आसमान सुखद कलरवों से समुद्वेल करती, हँसती, आँचल उड़ाती हुई पिता की बगल में हाँफती थककर बैठ जाती है। पिता स्नेह की दृष्टि से देखकर, जनाने उस छोटे-से बगीचे में दौड़कर स्वास्थ्य ठीक रखने को उत्साह देते हैं।

स्नेहशंकर की कुमारी यही अलका कभी भावावेश में विजय की प्यारी मानसिक शोभा बनकर, छत पर, सान्ध्य सूर्य-किरण की कृशत देख, उनसे नजर मिला, जैसे उन्हीं के साथ कहीं किसी की खोज में अस्त हो रही हो; शान्त, संयत, निष्पात पलकों से निष्पन्द खड़ी हुई, केवल शून्य की थाह-सी लेती, कहाँ डूबकर चली जाती है ! आँचल सिर से खुलकर गिर गया, बाल उड़-उड़कर गाल, वक्ष पर आ गए, वह उसी अपरिचित ध्यान में तन्मय है ! किरणें उससे बिदा होकर चली गईं, धारा को अँधेरे ने उसी के हृदय की तरह ढक लिया। पृथ्वी का ताप आकाश की पलकों से अदृश्य शिशिर के आँसू बन-बनकर प्रतिदान में प्रिया का हृदय सिक्त करने लगा, पर उसे उसके प्रिय की मौन प्रेरणा किस रूप में मिली, वह नहीं जानती। डूबकर शून्य गह्वर से बाहर निकल भीतर हृदय का जैसा अपने चारों ओर अन्धकार देख, धीरे-धीरे छत से नीचे उतर आती है। कभी-कभी, किसी-किसी दिन देर हो जाती, पिता बुला भेजते हैं, दासी आकर देखती, अलका छत की चार-दीवार पकड़े चिन्ता में कहीं अन्तर्धान है ! दासी हिलाकर बुलाती है, तब, होश में आ, डरकर, नहीं जानती क्यों अपराध की दृष्टि से पिता को देखती हुई,

पलकें झुका, किताब ले पढ़ने बैठती है। स्नेहशंकर हँस देते हैं, अलका का शून्य हृदय पवित्र वात्सल्य-रस से पूर्ण हो जाता है। पिता मर्म पर दृष्टि रख पूछते हैं, "आज तू गम्भीर है ?" अर्थ समझ पुत्री आँसुओं में हँस देती है। दुःख के प्रतिघात से पिता दुःखी हो जाते हैं, अलका स्वभावतः दुःख से मुक्ति पाती, नत-मस्तक धीरे-धीरे पढ़ने लगती है।

इस प्रकार अपने स्वभाव को बार-बार भूलती, बार-बार याद करती हुई एक साल पार कर गई। पिता उस सरिता की प्रवाहगति का पूरा परिचय रखते हैं। वह उसे उसी के पति की ओर लिए जा रहे हैं, जहाँ अपार तृप्ति का सागर है, जो उसके पति का बृहत् रूप है, जहाँ चिन्ता का प्रवाह ही चुक गया है—भोग की इच्छावाले मिलन का दुःख नहीं। वहीं से उससे उसकी बहनों के लिए सबसे 'बड़ा' त्याग कराएँगे—यह उनका आदर्श है, इसी की पूरी तैयारी उनकी शिक्षा। संस्कारोंवाले सुहाग पर कुछ दूर तक सोचकर स्नेहशंकर अभी कुछ नहीं कहते; जानते हैं, यह छोटा, यह दो प्रेमियों का गले-गले लगना अपने महत्त्व में बड़े से छोटा कभी नहीं; केवल वियोग दुःखप्रद है, इसीलिए ज्ञान की दृष्टि से अनित्य।

आज थिएटर जाने की बात है। कलकत्ते का कोरिंथियन थिएटर उत्तर-भारत का सफर करता हुआ लखनऊ आया है। स्नेहशंकर के मित्र लखनऊ के सहायक डिप्टी-कमिश्नर पं. ज्ञानप्रकाश और उनकी पत्नी भी जाएँगी। स्नेहशंकर और ज्ञानप्रकाश की इधर कुछ दिनों से घनिष्ठ मैत्री है, पहले परिचय था। ज्ञानप्रकाश दार्शनिक तो बहुत अच्छे नहीं, पर आर्यसमाजी होने के कारण वैदिक साहित्य पर पूरी भक्ति रखते हैं। वह सिद्ध नहीं कर सकते, पर वेद अपौरुषेय हैं, इस पर उनका विश्वास दृढ़ है। रोज हवन करते हैं। एक बार किसी अखबार में लिखा था, आजकल आग में घी फूँकना बेवकूफी है, जब घी खाने को नहीं मिलता। आक्षेप करनेवाली एक लेखिका थीं। नाम सावित्री था। इन्हें यह लेख आर्य-धर्म के विरुद्ध मालूम दिया। अपने सिद्धान्त की रक्षा के लिए इन्होंने वेद तथा गीता की आवृत्तियों से सिद्ध किया कि मेघ बिना हवन किए जल नहीं बरसा सकते, हवन छोड़कर ही अधिकांश लोग अनार्य हो गए हैं। फिर लेखिका के सावित्री नाम पर भी इन्होंने

प्रक्षेप किए, यद्यपि सरकारी नौकरी के मैदान में वाद-विवाद पर इतना बढ़ना हानिकारक था। बात यहीं से नहीं खत्म हुई। लेखिका सावित्री ने युक्तियों और प्रमाणों की पुट दे-देकर हवन करना सोलहों आने बेवकूफी फिर साबित किया। लिखा : "सूर्य द्वारा समुद्र के विशाल कुंड से अविरत जल जला-जलाकर जो प्रकृति पानी बरसाती है, वह नकलचियों के घृत-हवन की अपेक्षा नहीं करती। जहाँ मनों घी बेवकूफी में जलता हो, वहाँ आर्य निस्सन्देह अनार्य हो गए हैं। वह घी और यव गरीबों के पेट के अग्नि-कुंड में जलकर उनकी नसों में रक्त तथा जीवनी शक्ति संचित करके ही यश की सर्वोच्च व्याख्या से सार्थक होगा। जहाँ लाखों टन जले कोयले का धुआँ वायुमंडल में जहर भर रहा हो, वहाँ मामूली संख्या के आर्यसमाजी तोले-तोले घी फूँककर वायुमंडल शुद्ध कर देंगे। प्रकृति ने इसे पवित्र करने के कार्य में पहले से हवा को लगा रखा है। वह बह-बहकर धुएँ का जहर जल की धारा की तरह फटकारती, साफ करती रहती है..." आदि-आदि। जवाब देखकर डिप्टी-कमिश्नर साहब का रंग उड़ गया। बात लाजवाब थी। पर स्वामीजी, जिन्होंने डूबते हुए देश के हाथों बए की तरह वेदों को रखा, हवन करने को आह्वान किया, वह बगैर गहरे पैठे, मतलब समझे ही ऐसा करने को कह गए हैं, उनके तेजस्वी मन को विश्वास न हुआ। उन दिनों स्नेहशंकर लखनऊ में ही रहते थे। इनके पास एक लेख का उचित उत्तर लिखवाने आए। डिप्टी-कमिश्नर साहब को इनके ज्ञान पर पूरा विश्वास था। लेख और नाम देखकर स्नेहशंकर हँसे। डिप्टी-कमिश्नर साहब से कहा, "यह तो इस घर ही की बहू है।" परिचय दिया। कहा, "आपने ठीक लिखा है : ऋषियों ने इन कर्मों का प्रतिपादन बड़े-बड़े ज्ञान के आश्रय से किया है।"

डिप्टी-कमिश्नर साहब प्रसन्न हो, मार्मिक उच्छ्वसित आँखों से देखकर बोले, "वही तो मैंने कहा, बिलकुल तख्ता उलट देना चाहती है ! लेकिन आपके घर में नास्तिक—और स्त्री !"

"कुछ नहीं, लड़कपन है।" स्नेहशंकर मुस्कुराए, बोले, "आपसे क्या कहूँ ? आप ऐसी आलोचना का उत्तर ही न दें, उपेक्षा कर जाएँ।"

डिप्टी-कमिश्नर साहब प्रसन्न होकर चले गए। अलका बैठी

हुई आँखें नीची किए मुस्कुरा रही थी। उनके चले जाने पर पिता से पूछा, ''आपने इन्हें कैसी सलाह दी ?''

''यह तो दुनिया है।'' स्नेहशंकर बोले, ''जो जैसी खुराक का आदी है, वह वैसी ही खुराक पाने पर प्रसन्न होता है। इनका जिधर रुख था, उधर हमने इन्हें चार कदम बढ़ा दिया; अब मजे में पाव-भर घी हवन-कुंड में रोज फूँककर गरीबों के मुँह राख झोंकते रहें ?''

साश्चर्य अलका अपने अद्‌भुत पिता की ओर ताकती रह गई।

दूसरे दिन अलका को साथ लेकर स्नेहशकंर भी डिप्टी-कमिश्नर साहब के घर गए। इस तरह आना-जाना लगा रहा। आज थिएटर जाने का निश्चय था। पहले से चार सीटें रिजर्व करा ली गई थीं। शाम का भोजन समाप्त करके डिप्टी-कमिश्नर साहब अपनी धर्मपत्नी के साथ स्नेहशंकर और अलका को ले जाने के लिए खूब सजकर आए। ये तैयार थे, सब लोग बैठ गए।

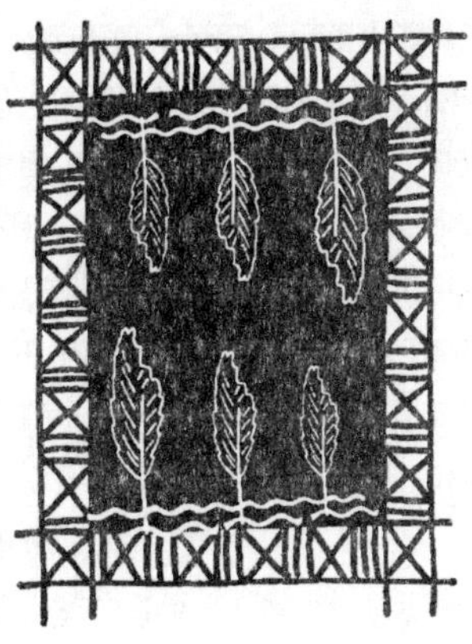

बारह

ठीक नौ बजने पर तमाशा शुरू होगा। स्नेहशंकर और ज्ञानप्रकाश के बीच, अर्चेस्ट्रा में, ज्ञानप्रकाश की पत्नी और अलका बैठ गईं; पत्नी पति की तरफ, अलका पिता की तरफ। हॉल ऐसा भरा, जैसे रेत पर सटे बगुले बैठे हों। नव्वाबी सभ्यता के सूक्ष्मतम, तन्तुओं-सी देहवाले, तहजीब के रूपक, लखनऊ के रईस, राजे, तअल्लुकेदार और देशी अफसर कोई-कोई अपनी महिलाओं के साथ, सामनेवाली सीटें आबाद किए, शान से गर्दन उठाए बैठे हुए हैं। कोई-कोई सफेदपोश बड़ी-बड़ी आँखोंवाली अलका को बड़ी तन्मयता से देख रहे हैं।

खेल सामाजिक है। नाम है 'सच्चा प्यार'। समय पर ड्रॉप उठा। खेल शुरू हो गया। रोशनी में एक साथ हाथ मिला गुच्छों में खिली चपल कलियों-सी परियाँ लोगों की अपल आँखों में खिंच गईं। विद्या की अगम चारदीवार के अन्दर न आने पर भी संगीत और शायरी के रसज्ञ रईस फड़क उठे।

दर्शकों में साश्चर्य उत्साह भर-भरकर नाटक होने लगा। एक

राजा शिकार खेलने को चले। नेपथ्य में घोड़ों की टापों का रूपक कर स्टेज भड़भड़ाया गया, आवाज पर आवाजें आने लगीं, "सब लोग होशियार हो जाओ, तूफान उठ रहा है, ओफ, ओले गिर रहे हैं;" फिर किसी ने तार-स्वर से पुकारा, "महाराज, अरे ! हमारे महाराज कहाँ ?" फिर समझाया गया, शायद उनका घोड़ा बहक गया है ! फिर दूसरे दृश्य में राजा एक झोंपड़ी के भीतर ओले के स्वर्गीय प्रहार से घायल, चारपाई पर पड़े कराह रहे हैं; एक सुन्दर युवती कृषक कुमारी उनकी शुश्रूषा कर रही है।

स्टेज के और-और लोग इस समय पूरे एकाग्र हैं, पर पिता से अलका ने शंका की, "इन राजा के साथियों को क्या हुआ होगा पिता ?"

हँसकर स्नेहशंकर बोले, "सम्भव, वे बच गए हों, राज्य में खबर देने के लिए, देखो।"

किसान-युवती अपने छोटे भाई के साथ अकेली है। उसके पिता और भाई अपने पड़ोसियों के साथ तीर्थ करने गए हैं। राजा अच्छे होकर उसके प्रेम के पाश में फँस गए।

अलका ने फिर पूछा, "क्या इनकी शादी अभी हुई नहीं ?"

"दुष्यन्त की तरह, बहुत मुमकिन, हुई हो।" स्नेहशंकर प्रसन्न व्यंग्य से बोले।

लोग अत्यन्त एकाग्र होकर यह प्रेम-लीला देख रहे हैं। राजा ने ईश्वर-साक्षी कर गान्धर्व रीति से किसान-युवती का पाणिग्रहण किया। दर्शक श्रृंगार के मन्त्र से मुग्ध हो गए ! अलका चुपचाप, राजनीति के समालोचक की तरह, अपनी पूर्वकृत भविष्य-चिन्ता के निश्चित फल की ओर लक्ष्य किए हुए है।

वैसा ही हुआ। राजा के साथी बाल-बाल बचकर राजभवन पहुँच गए। राजमाता, रानी तथा मन्त्री को राजा के गायब होने की खबर हुई, राजमाता मूर्च्छित हो गईं, रानी आठ-आठ आँसू रोने लगीं। राजा की त्वरित तलाश के लिए मन्त्री ने चराचर भेज दिए।

उस कृषक-युवती के प्रेम में राजा ऐसे फँसे कि निकलना दुश्वार हो गया। इतनी भी खबर नहीं कि उस प्रेयसी से अपने विवाहित होने की, अपनी रानी की एक बार बातचीत करते। अवश्य यह सौत का जिक्र शास्त्रानुसार वर्जित है, और कुल हिन्दू और

मुसलमानों में जो राजा के लिए इच्छानुसार वर बनते रहने की स्वतन्त्रता वरण किए बैठे थे, यह भी प्राचीन संस्कारों का शुभ धर्म था, इसीलिए उनके इस शृंगार-रस में दुर्भावना की मक्खी नहीं पड़ी। अलका को सबसे बड़ा तअज्जुब बचपन में सुनी एक दन्त-कथा का प्रमाण मिलने पर हुआ कि सचमुच राजा प्रेम के जादूवाले बँगले में मनुष्य से ऐसे भेड़ बने कि किसान-युवती अपनी हद के खूँटों में इच्छानुसार उन्हें छोरने-बाँधने लगी। बेचारे पशु की जबान, आदमी की तरह सच्चा हाल कैसे बयान करती !–अलका अब ऐसा सोच लेती है।

एक रोज पास ही की नदी में यह नई युवती स्नान करने गई। राजा उसके घर में रखे हुए हैं। ऐसे समय एक चर व्याघ्र की तरह घ्राण-मात्र से राजा का निश्चय कर भीतर झाँकता है। देखकर प्रसन्न हो पास जाता और राज्य के दुःख कहता है। एक साथ राजा ऐसे आवेश में आते हैं कि अपने देश को इतने दिन भूले रहने के लिए अपने को धिक्कार देते हुए उसी वक्त चर के साथ घर चले जाते हैं। युवती स्नान कर लौटती और राजा को न देख व्याकुल होकर रोती रहती है।

युवती का छोटा भाई ढोर चराकर लौटा, और बहन को उदास बैठी हुई, सजल दृग आकाश देखती हुई देखकर पति से उसे मिला देने की प्रतिज्ञा की; इतने छोटे मुँह इतनी बड़ी-बड़ी बातें सुनकर एक तरह रंगस्थल के सभी दर्शक 'असम्भव' को प्रकृति से निकाल देने के पक्ष में नेपोलियन बन गए, जैसे प्रयत्न-कथा के दुर्गम अन्धकार में, सत्य-रतन के बिना भी, प्रकाश पाने के वे आदी हो गए हैं।

कुछ दिनों बाद उसके पिता और भाई पड़ोसियों के साथ लौटे, और अन्य स्त्रियों से सुना कि कन्या किसी नवागत पुरुष से प्रणय कर गर्भवती हो गई है। पिता ने पुत्री और एक धर्मपत्नी के सम्मान के प्रतिकूल अनेक कटु शब्द कहे, जिससे उसी रात पिता का आश्रय छोड़कर पति के ऐश में निरुद्देश्य हो गई।

अलका अपनी सारी शक्तियों से एकाग्र है। सहानुभूति के स्रोत से उसकी समालोचना के घाट की जंजीर हाथ से छूट गई। पिता रह-रहकर एक नजर यह बदला हुआ मनोभाव देख लेते हैं। चलते-चलते तेज धूप से प्यासी एक आशय देखकर बैठ गई,

उत्पल-कल्मांगी, जीवन के सान्ध्य क्षण में द्विदल लोचन मूँद लिए, फिर वही पृथ्वी की शून्य गोद में निस्तरुलता-सी मूर्च्छित हो गई।

वहाँ एक महात्मा की कुटी थी। बाहर आ इस सीता को धूलि धूषिता अवलुंठिता देखकर दयार्द्र हो, जल सेककर होश में लाए, और समस्त कारण अवगत हो प्रज्ञा-शक्ति से उसके जीवन के भविष्य-पटचित्र प्रत्यक्ष करने लगे; पुनः दर्शकों पर भाग्य के अखंडन आलेख्य का प्रभाव छोड़ते हुए तार-स्वर से स्वगत बोले, "एक पतिव्रता को गत जन्म में पतिवंचिता करने के अपराध में सीता की तरह इसे चिर पति-विरह सहना होगा।"

त्वरित अपनी आलोचक-स्थिति में आ अलका मन की जबान से कह गई, 'हश ! सफेद झूठ, यह लेखक की चालबाजी है ! यह नीच-कुल की है, इसलिए साधारण जनों की दृष्टि में पत्नी रूप से इसे न मिलने देगा।' मन के दाँत पीसकर रह गई। स्नेहशंकर ने उसकी मुद्रा की ओर फिर देखा।

फिर महात्माजी ने तीन दिन ऐसी तीव्र तपस्या की कि एक दिन उसके महाराजाधिराज को मृगया के लिए सामन्त-सरदारों के साथ उस तपोवन की तरफ आना ही पड़ा। ऋषिराज ने इस युवती को महाराज से अपनी दुःख-कथा कहने के लिए कहा। अनेक सभ्यों के साथ महाराज को देखकर उस युवती ने उन्हें पहचानकर भी अपने पति-रूप से परिचित न किया, सोचा, पति की इज्जत रखना ही पत्नी का धर्म है।

अलका बिलकुल न समझ सकी कि यह कौन-सा पत्नी धर्म हो सकता है। जनता गद्गद कंठ से साधु-साधु कहने लगी। पुरुष की जहाँ इतनी महत्ता बढ़ रही हो, वहाँ पुरुष-जाति प्रसन्न हुए बिना कैसे रह सकती है, अलका सोचने लगी, पर पर्दे की स्त्रियों की क्या हालत होगी ? क्या वे भी ऐसे कार्य को आदर्श सोचती होंगी ? श्रीमती डिप्टी-कमिश्नर की राय के बिना उसकी चपलता न रुक सकी; पूछा, "यहाँ आपको कैसा लग रहा है ?"

"बहुत ऊँचा आदर्श है, बहुत अच्छा दर्शाया है।" यह उत्तर पा प्रहत हो, विरोध की आँखों से एक बार देखकर अलका चुप हो गई।

पत्नी ने तो तत्काल पहचान लिया, पर पति उत्कल महाराज की कमल आँखों पर उस पूर्वजन्म के शाप की छाप जो पड़ी, वह किसी तरह भी भले-चंगे मनुष्य होकर न पहचान सके। बार-बार, बड़े सहृदय भाव से, अच्छी तरह देखते हुए पूछा, "तुम उस दुराचारी पति का नाम जाहिर कर दो, मैं उसे दंड दूँगा।" पत्नी ने कहा, "वह एक राजा है।" पर राजा होश में न आए। महात्माजी सच्चे वाल्मीकि थे नहीं, न नाटक के लेखक महोदय ही वाल्मीकि के ऋषित्व से परिचित; दुखीजनों का राजा ही पोषक है, अतः महाराज यह शिकार कर अपने यहाँ परवरिश के लिए ले चले। रास्ते में इत्तिफाक से उसका वही छोटा भाई बहन के निकल जाने पर उसे पति से मिलाने के लिए घर छोड़कर निकला हुआ आ मिला। वह राजा को पहचानकर उसी ताव से बातें करने लगा, जैसी उसके घर की स्थिति थी। उसे राजा साहब ने पहचाना, तब युवती का मुख भी याद आया। युवती को साथ लेकर कुछ लोग आगे थे, उसके भाई ने अपनी बहन को नहीं देखा, न राजा ने दिखाने की जरूरत समझी। बल्कि लेखक महोदय की कृपा से ऐसा किया कि साथवाले अपर लोगों को भी विदा कर दिया; फिर एकान्त में कृषक-कुमार से करुणा-क्रन्दन करने लगे कि उन्हें विस्मरण हो गया था। लेकिन फिर भी उससे उसकी बहन का हाल न कहा कि वह आगे साथ ही चल रही है। फिर पर्दा गिरा और मामला खत्म। फिर कौन पूछता है कि किसान-कुमार कहाँ गया ?

राजधानी में कृषक-किशोरी अस्तबल से होड़ करनेवाली कबूतर के दरबों-सी बनी हुई आवारागर्द औरतों की एक साधारण खोली में लाकर रखी गई। आधी रात को पूरे छद्म-वेश में महाराज वहाँ तशरीफ ले गए। फिर क्षुरधार प्रणय की बाढ़ में ऐसा बहे कि लोगों पर पूरा प्रभाव पड़ गया, और अलका के छक्के छूट गए। वह किशोरी स्त्री प्राण रहने तक पति की मर्यादा अक्षुण्ण रखेगी, यह प्रण किया। सुनकर महान् पतिव्रत के आदर्श ज्ञान से पुलकित जनता ने पलकें मूँद लीं, और आहें भरने लगी। महाराज भी पूरा प्रेम जता, अपना फर्ज अदा कर, बड़े दुःखित भाव से धीरे-धीरे चले गए। सुबह होने पर किशोरी धर्माधिकरण लाई गई, और पति का नाम न बतलाने पर कलंकिनी करार दी गई ! कलंक का एक निशान सूच्यग्र

जले लोहे से लगाया गया, और उसी अस्तबल में लाकर डाल दी गई।

उसके लड़का पैदा हुआ—राजकुमार; पर किस्मत अस्तबल के साईसों के लड़कों से बदतर। महाराज ने फिर कभी उधर नजर नहीं की। लड़का पेट में था, इसलिए लेखक को निकालना ही पड़ा। यदि आदर्शवादी कला को पेट से बच्चा उड़ाने का कोई कौशल हासिल होता, तो हिन्दी के नाटक-उपन्यास-सम्राट् ऐसे समय में जरूर प्रदर्शन करते। लाचार बच्चा हुआ, और कुछ दिनों बाद स्वर्ग सिधार गया। नाटक में पहली रानी के कोई पुत्र नहीं। फिर भी इस बच्चे पर रहम न हुआ। फिर माता पागल हुई, वेश्या का आश्रय ग्रहण किया, गाना-बजाना सीखा और अन्त में महाराज की महफिल में नाचकर, उन्हें अपने प्राचीन परिचय के प्रेम से मकान तक खींचकर, बीमार हो, भाई द्वारा जनता की आँखों राज-परिणय का भेद खुलने के पश्चात्, राजा, पति या उपपति की गोद में मरी। उसका एक स्मारक ताजमहल की तरह महाराज ने तैयार कराया, और ऐसी प्रेम की मूर्ति पर मृत्यु के बाद रोज पुष्पांजलि अर्पित करने लगे।

दर्शकों के हर्षातिरेक से अभिनय समाप्त हुआ। स्नेहशंकर ने देखा, अलका के अपांगों में नफरत खिंच रही है। डिप्टी-कमिश्नर के साथ सब लोग उठकर बाहर आए।

किसी ने लक्ष्य नहीं किया, एक दूसरा युवक शुरू से आखिर तक अलका को देखता रहा।

मोटर लगी हुई थी। सब लोग बैठ गए। पहले स्नेहशंकर के मकान मोटर गई। पिता-पुत्री उतर गए। एक दूसरी मोटर शीघ्र निकल गई।

डिप्टी-कमिश्नर घर गए। रास्ते में उनकी पत्नी ने कहा, "लड़की कैसी भोली और सुन्दर है ! बरबस जी का प्यार हर लेती है।"

डिप्टी-कमिश्नर निः-सन्तान हैं। कहा, "हाँ, हमारी तबीयत भी उसे देखकर बहुत खुश होती है। मुँह पर किसी भी प्रकार का छल-कपट नहीं।"

"एक जगह शायद मतलब समझ में नहीं आया, लड़की ही तो ठहरी, मुझसे पूछा, मैंने समझाया, क्योंकि ऊँचा भाव था।"

आत्मप्रसाद का स्वाद लेते हुए पत्नी ने कहा, ''तुम कहो न, स्नेहशंकरजी यह लड़की हमें दे दें।''

''इच्छा तो हमारी भी होती है। ऐसा देखती है, जैसे अपनी लड़की हो ! अच्छा, कल कहेंगे। वह जैसे सज्जन हैं, उनसे हमारी इच्छा पूरी होगी, ऐसी आशा है।''

तेरह

अजित मामा के यहाँ न गया। उसे पकड़ जाने, शोहरत होने पर घर खबर पहुँचने का खौफ हुआ। कुछ पुलिस से भी डरा, जिसकी आँख में धूल झोंककर यह बाना बनाया था। सीधे विजय की ससुराल पहुँचा। लालगंज में गीता की किताब खरीद ली; अँगरेजी जानने की जड़ मार दी। घुटी चाँद, सफाचट दाढ़ी-मूँछ, नाम स्वामी धर्मानन्द, खयालात सात सदी पीछे के, हाथ में मोटा सोंटा, बगल में झोला, जिसमें चिलम और गाँजा खास तौर से हिफाजत से रखा हुआ—दूसरों को पिलाना, उन्हें बहलाकर मतलब गाँठना, बातचीत पूरे गँजेड़ी की; बैठा गला।

धर्मानन्दजी ने सोचा, 'विजय की तरह विद्या के बल से बल—विद्यार्थियों को, पूँछ ऐंठ-ऐंठकर, राह पर लाना गधों को घोड़ा बनाना है, लिहाजा एक बिलकुल गैर-मुमकिन बात; फिर अक्लमन्द कैसा, जो दस कदम पेश्तर न सोच ले ? बात यह है कि असर जात का नहीं जाता; किसान जमाने से गँवार और जमाने तक ऐसे रहेंगे; विजय को यह एक शौक चर्राया है, बल्कि झक या कहें, दिमाग की

कमजोरी है; हल जोतने और किताब पढ़ने से बड़ा बट्टा; कहीं के किसान पढ़े-लिखे हैं, इसके मानी ये न हुए कि वे विलियम पिट हो गए; फिर अगर ऐसा ही खयाल है कि किसान पूरी ताकत से हल की मूठ पकड़कर भी पूरी सफाई से कलम चला लेंगे तो न्यूटन की राह लोग क्यों नहीं पकड़ते ?...विजय को पहले भेड़ चराना था, न कि पढ़ाना।'

दुनिया में सब लोग अपने-अपने फायदे की युक्तियाँ निकाल लेते हैं। धर्मानन्दजी दुनिया में विनोद-कौतुक से रहनेवाले जीव हैं। लिखाई-पढ़ाई का काम वह नहीं कर सकते, ऐसी बात नहीं; उसके क्या गुण और उपयोग हैं, वह जानते हैं; पर एक ही किस्म की निरन्तर बकवाद से वह बहुत घबराते हैं; दो रोज, चार रोज, दस रोज तक ज्यादा-से-ज्यादा वह लड़कों को पढ़ा सकते हैं। पुलिस पीछा किए थी, घरवाले सिर खाए थे, चले आए। एक नया अनुभव होगा। फिर विजय की कथा भी कम दिलचस्प नहीं।—एक रोज की शोभा इतिहास के कितने रंजक पृष्ठों के पश्चात् छिपी होगी ! पुनः जीवन के नैश मुहूर्त में एक ही स्नेह की किरण से खिले कैरव और चन्द्र के बन्धुत्व की तरह विजय और अजित परस्पर हिले-मिले—किसी राहु के छन्द से वदन जब तक तमोवृत न होगा, अजित विजय को स्निग्ध-हृदय की अमृत-ज्योत्स्ना से तब तक सींचता रहेगा। अपरंच, जिनके यहाँ की भीख पर उसे कालयापन करना है, उनका ऋण भी वह ब्याज-समेत चुका देगा, वह विजय से मैत्री में पीछे कदम रखनेवाला नहीं।

इस प्रकार कल्पना की उधेड़बुन में बगल में झोला लटकाए स्वामी धर्मानन्दजी विजय की ससुराल से दो कोस फासले पर एक गाँव पहुँचे। बगीचे से लकड़ी तोड़कर धूनी जला दी। आग तैयार होने पर बदन में खूब राख मलकर बैठ गए। जगह सुहावनी, पास ही मन्दिर और कुआँ, लोगों की आमद-रफ्त की काफी गुंजाइश।

धीरे-धीरे बाबाजी के पास भक्त-किसान खेतों से आ-आकर एकत्र होने लगे। बाबाजी के बिना व्यर्थ वाक्य-व्यय के, पूर्ण धीर-गम्भीर मुद्रा से गाँजा मलने को भक्त-वृन्द के सामने बढ़ा दिया। यथेष्ट लोभ होने पर भी भक्तगण पहले हिचके। किसी ने कहा, "बाबा, आपका प्रसाद तो है, पर कैसे लिया जाए, शाम को

हम लोग ठेके से ले आवें, तब आपका प्रसाद लें।''

बाबा धर्मानन्द ने आँखें मूँदकर, नाक सीधे आसमान की तरफ उठाकर सिर हिलाया कि यह कथन शास्त्रसंगत नहीं। भक्तगण सभक्ति चकित हो तपस्वी बाबाजी की विशाल मुद्रा देखते रह गए। धीरे-धीरे सानुनासिक-स्वर बाबाजी ने कहा, ''बेटा, यह तो भगवत पर तुम्हारा ही चढ़ाया हुआ प्रसाद है; साधु के पास पैसा कहाँ ?''

भक्तगण बड़े प्रसन्न हुए। उन्हें ऐसे बाबाजी अब तक नहीं मिले थे, जो भक्तों को घर का माल खिला जाते। बड़ी विनय से गाँजे की कली लेकर मलने लगे।

तैयार होने पर बाबाजी को भोग लगाने के लिए दिया। बाबाजी होश में एक दफा खानेवाली तम्बाकू जरा-सी खाकर बेहोश हुए थे, फिर नई रोशनी की बत्ती सिगरेट में भी कभी आग नहीं लगाई। बड़े संकोच में पड़े, पर जिरह में न कटने के जवाब पहले से सोच रखे थे। पूर्ववत् नक्की स्वर में कहा, ''गुरुजी की आज्ञा इस समय कुछ दिनों के लिए दम छोड़ देने की है; बात यह है बेटा कि जो धुआँ मैं मुँह से निकालता हूँ, वह गुरुजी पीते हैं; जो तुम निकालते हो, निकालोगे, वह हम लोग पीते हैं, पीएँगे; आजकल इस चोले को गुरुजी ने अपना अधिकार दे रखा है कि अब अपनी गरमी हमें न पिलाओ, दूसरों की गरमी पीना सीखो।''

ऐसे धूम्रपान की कोई व्याख्या हो भी सकती है, इसकी जाँच पूरी-पूरी कौन करे ? बेचारे किसानों ने चुपचाप विश्वास कर लिया। एक दूसरे को देखते हुए, बाबा धर्मानन्दजी की पुनः आज्ञा मिलने पर सभय पीने लगे। खूब दम कसकर गाँव गए, और सबको एक अजीब बाबाजी के पधारने की खबर सुनाई। तारीफ में कहा, ''बाबाजी चिलम नहीं पीते, सबकी चिलम का धुआँ पीते हैं।''

दूसरे ने कहा, ''तुम घर में बैठे हुए चिलम पियो, बाबाजी अपने आसन से धुआँ पी लेंगे।''

तीसरा बोला, ''हाँ भाई, पूरे महात्मा हैं। देखो, दग-दग कर रहा है चेहरा; लेकिन अभी उम्र कोई बहुत जियादा नहीं।''

''तू तो बैल है पूरा।'' पहला बोला, ''अरे, साधु की उम्र का कुछ हिसाब रहता है ? हम-तू हैं कि पच्चीस साल में बाल पक गए ? महात्मा को ऐसा न कहना चाहिए। अभी कहो, हमारे बाबा की बातें

कहने लगें।''

''स्वभाव के बादशाह हैं।'' दूसरे ने बड़ाई की।

''बादशाह ? बादशाह भी उनके पास आते हैं, और झख मारते हैं,'' आँखें काढ़कर दूसरे को देखता हुआ पहला बोला।

गाँव के छोटे-बड़े साधारण और भलेमानस ऐसे अद्‌भुत बाबाजी के आने की खबर पा भक्ति-भाव से अपना-अपना कार्य छोड़कर मिलने चले।

देखते-देखते चारों ओर से धूनी घेरकर प्रणाम कर-कर गाँव के सभी वर्णों के लोग नजदीक फासले पर बैठे हुए पूरी भक्ति की नजर से बाबाजी को देखते रहे। इनमें ब्रजकिशोर बाबाजी की तरह नवयुवक है, बाबाजी की उम्र की बराबरी वह नहीं कर सकता। सफाई से रहता है। देखकर बाबाजी भी इसी की ओर मन-ही-मन औरों की तरफ से ज्यादा खिंचे, ऐसी उसकी आजकल की पसन्दवाली काट-छाँट। वह दो साल तक कॉलेज की हवा भी खा चुका है। बड़े गौर से अँगरेजी समालोचना की निगाह से बाबाजी को देखने लगा। राख के भीतर बाबाजी की तेज आँखें देख-देखकर ब्रजकिशोर मुस्कुरा रहा था; सोच रहा था कि यह आदमी दूसरों का निकाला हुआ धुआँ कैसे पी लेता है ?

महात्माजी आगन्तुक जनों से परिचय कर कुशल पूछने लगे।

प्रश्न : ''यहाँ के कौन जमींदार हैं ?''

उत्तर : ''तअल्लुकेदार मुरलीधर, स्वामीजी !''

प्रश्न : ''तुम लोगों के सुख-दुख में शरीक तो होते हैं ?''

लोग एक-दूसरे का मुँह देखने लगे। फिर स्वामीजी के लिए 'रमता जोगी, बहता पानी' का खयाल कर उन्मन हो गाँव के एक पुराने भलेमानस बोले, ''हाँ, स्वामीजी, आजकल जैसे और जगहों के राजे रियाया की खबर करते हैं, वैसे वह भी हैं।''

''नहीं, दिल का भाव ठीक-ठीक साधु से कहा करो, वह तुम्हारी प्रार्थना ईश्वर के पास तक भेजता है, और जैसी उसकी मर्जी होती है, तुम्हें बतलाता है। साधु से अपना मतलब छिपाना अपने आपको धोखा देना है। वह जो ईश्वर का सेवक है, उसके जनों की पहले सेवा करता है।'' स्वामीजी ने ओजस्वी शब्दों में लोगों के शंका से दबे हृदय को उभार दिया।

गाँव के लोग, जो अभी तक तिलस्म के उस्ताद की नजर से स्वामीजी को देख रहे थे, समझे, उनके सुख-दुःख, विशेषकर उनके दुःख की जगह स्वामीजी सेवा का मरहम रखना चाहते हैं। ब्रजकिशोर एक बदली हुई भावना से देखने लगा। धर्मानन्दजी भी साथ-साथ लोगों के मनोभाव पढ़ते जा रहे हैं। अपने-अपने उद्देश्य की सिद्धि की सबको धुन होती है, सब उसी गरज से दूसरों के पाबन्द होते हैं।

स्वामीजी इतनी-सी बात से, पार न देखनेवाले, निरुपाय पारावार में पड़े हुए गाँव के लोग साक्षात् ईश्वर के पास प्रार्थना पहुँचानेवाले स्वामीजी को जितने अपनत्व से देखने लगे, उसकी वर्णना कोई भी भाषा नहीं कर सकती, साक्षात् सरस्वती वहाँ मौन है। आज तक समर्थ के खिलाफ खुलकर एक भी आवाज करने की शक्ति उनमें किसी की न थी, वे नव्वाबी युग से अब तक शक्तिमान का साथ देकर अपनी ऐहिक आशा पूरी करते आए थे—उनके खिलाफ सिर उठाने का स्वभाव मर चुका था; आज उनके ठीक प्राणों में एक सहृदय आवाज हुई। गाँव के अच्छे-अच्छे लोग थे—चौंककर एक नया प्रकाश देखा।

"महाराज !" एक बूढ़े, गाँव की सभी जातियों के मान्य भलेमानस ने कहा, "अगर राजा खुद रियाया के माल व इज्जत पर हमला करने लगे, तो फरियाद किसके पास करें ?"

"इज्जत किसे कहते हैं, जब आप लोग समझेंगे, तब दूसरे लोग भी आपकी इज्जत लेने की हिम्मत न करेंगे।" स्वामीजी ने कहा, "अभी तो एक-दूसरे को बेइज्जत करके अपनी इज्जत बढ़ानेवाला हजार वर्ष से एक-सा चला आता हुआ कायदा आप लोग अख्तियार किए बैठे हैं।"

लोग कुछ समझे नहीं, समझने की उत्सुक आँखों से देखते रहे।

स्वामीजी फिर बोले, "आप लोग एक दिन में न समझेंगे। क्योंकि ठगने और ठगा जाने की आदत आप लोगों की रग-रग में भर गई है। महाजन, जमींदार, वकील, धर्म, समाज और भाइयों से ठगा जाना आप लोगों का स्वभाव बन गया है। आप लोगों के दिल के आईने में मतलब गाँठने का जो जंग लगा है, वह एक दिन में साफ न होगा, और इसलिए अभी माल व इज्जतवाला चेहरा आप

लोगों को न दिखेगा। कुछ दिनों बाद कुछ साफ होने पर देखिएगा। आप लोग कहें, तो इसके लिए कोशिश की जाए।''

लोगों ने समस्वर से सम्मति दी। स्वामीजी ने कुछ समय तक ठहरने का वादा किया। लोगों को इससे बड़ी प्रसन्नता हुई। दूसरे दिन पुनः इस प्रसंग पर बातचीत करने के लिए गाँव-भर की जनता को पिछले पहर एकत्र होने पर स्वामीजी ने आमन्त्रित किया।

सब लोग स्वामीजी का रुख समझकर चलने लगे। ब्रजकिशोर को अपने ब्रह्मज्ञान का सच्चा अधिकारी समझकर स्वामीजी ने कुछ समय तक रहने के लिए रोका।

उठे हुए लोग कुछ दूर जा आपस में स्वामीजी के अन्तर्यामित्व पर आश्चर्य करने लगे कि ब्रजकिशोरवाला हाल स्वामीजी ने जरूर समझ लिया, नहीं तो रोकते क्यों ? फिर गाँव के भाग्य की प्रशंसा करने लगे कि ऐसे मौके में स्वामीजी का आना ईश्वर की इच्छा का खास मतलब रखता है।

एकान्त हो गया। ब्रजकिशोर को देखकर स्वामीजी राख के भीतर मुस्कुराए। ब्रजकिशोर इस अद्‌भुत तरह की बातें करनेवाले, दूसरों की चिलम का धुआँ पीनेवाले स्वामीजी को शून्य दृष्टि से देखता रहा।

''तुम क्या करते हो ?'' स्वामीजी ने पूछा।

''अभी-अभी बेकार हो गया हूँ। इससे पहले तअल्लुकेदार मुरलीधर के यहाँ कुछ दिनों नौकर हो गया था।''

''फिर ?''

''फिर एक दिन कमिश्नर साहब इलाके से तीस मील दूर हरखा वन में शिकार खेलने आए। मुझे हुकुम हुआ, उनकी रसद, जिसमें मुर्गियाँ भी थीं, वहाँ लेकर आऊँ।

''मैं हाउस-होल्ड इंस्पेक्टर था। मेरे मातहत जितने आदमी थे, सब हिन्दू थे। तअल्लुकेदार साहब के मकान के अन्दर किसी मुसलमान की पैठ नहीं, पर मकान से बाहर, हिन्दुओं की आँख बचाकर हिन्दू-मुसलमान में वह भेद-भाव नहीं रखते। वक्त बहुत थोड़ा था। मुर्गियाँ खरीदकर लानेवाला कोई न मिला। हिन्दू-नौकरों ने मुर्गी छूने से पहले नौकरी छोड़ना मंजूर किया। तीन-चार मुसलमान नौकर थे; पर वे बगीचे की कोठी में खास आदमियों

में थे। उन पर सेक्रेटरी साहब का हुक्म था। कस्बे में एकाएक बेकार मुसलमान न मिला। दस बजेवाली मोटर भी निकल गई। मैं हैरान हो रहा था कि किसी ने तअल्लुकेदार साहब से जड़ दिया कि मैं साहब की मुर्गियाँ लेकर अभी नहीं गया। अब वक्त पर मुर्गियाँ पहुँच भी नहीं सकती थीं। तअल्लुकेदार साहब ने मुझे बुलाया, और आग हो गए। रह-रहकर होंठ चबाते, मुट्ठियाँ बाँधते और तू-तुकार करते रहे, 'अबे ब्राह्मण के बच्चे, अगर आदमी नहीं मिले थे, तो तू किस मर्ज की दवा था ? तू क्यों नहीं ले गया ? यह काम तेरा था या मेरा--अबे, बोल ? मैंने जो तार कर दिया कि आपके वास्ते रसद और मुर्गियाँ जा रही हैं, इसका क्या जवाब दूँ ?' मैं इसका क्या जवाब देता ? फिर हुक्म हुआ, 'इसे कान पकड़कर निकाल दो।' ''

ब्रजकिशोर के आँसू आ गए, ''फिर इसी तरह निकाल दिया गया। यहाँ माँ घर देखती थी, वहाँ बहन, वह ब्याह के तीसरे महीने विधवा हो गई है, भोजन पका देती थी। निकाला जाने पर डेरे गया, तो बहन ने कहा, 'तुम नहीं गए, अच्छा हुआ; माधव की अम्मा कहती थीं, आज रात को जमींदार के लोग मुझे पकड़ ले जाते।' उनके यहाँ ऐसा करना कुछ बुरा नहीं, कोई बड़ी बात नहीं, रोज का काम है। यह गाँव भी उन्हीं से है स्वामीजी, सदा शंका लगी रहती है।'' युवक उदास आँखों से स्वामीजी की ओर देखने लगा।

स्वामीजी की पलकों पर दूरतर भविष्य का निकट छायापात स्पष्ट था।

दोनों बड़ी देर तक मौन रहे। कितनी करुणा उन पलकों पर थी ! ब्रजकिशोर को ऐसी मौन सहानुभूति में प्रकट स्नेह आज तक नहीं प्राप्त हुआ। उसने आश्वस्त होकर कहा, ''स्वामीजी, समय बहुत हो चुका, चलकर मेरे यहाँ भोजन करने की कृपा कीजिए।''

स्वामीजी सहमत हो, मन्दिर में अपने कपड़े रख, कमर में एक दूसरा वस्त्र बाँधकर ब्रजकिशोर के साथ चल दिए।

सादर स्वामीजी को बाहर कम्बल पर बैठाल, भीतर जा थाली लगवाकर बुलाया। हाथ-पैर और मुँह धोकर स्वामीजी भोजन करने बैठे। भ्रम--कभी न करने से याद न रही--स्वामीजी के मुँह की राख धोने के साथ धुल गई। उस कान्तिमान चेहरे को कुछ विस्मय के साथ ब्रजकिशोर देखता रहा।

रसोई में उसकी बहन वीणा थी। अनावृत्त मुख, शुभ्र कुन्द-कलिका-सी निष्कलंक, तुषार-हत वाष्प-व्याकुल कमल-नेत्र, किसी चित्रकार ने जैसे करुणा की सोलह साल की तस्वीर खींच दी हो; एक नजर स्वामीजी को देखकर, सभय प्रार्थना से पूर्व भोजन की पूर्ति के लिए तत्पर।

कितनी करुणा भारत की झोंपड़ी-झोंपड़ी में है ! स्त्री आँख की पुतली-सी नाजुक है, हमेशा पलकों के दुहरे परदे में बन्द रहती है, जब किसी साधारण-सी अरिष्ट की सम्भावना होती है; मायका और ससुराल, कार्य सबसे सूक्ष्म—केवल दर्शन, पर वह कठोरतम कार्यों का कारण है। संसार की प्रति प्रगति की सुलोचना स्त्री ही नियामिका है—स्वामीजी खाते हुए सोचते रहे—क्या एक बाजू कतर देने पर चिड़िया उड़ सकती है ? स्त्रियों की दशा क्या ऐसी ही नहीं कर रखी यहाँ के कल्मष में डूबे, धर्म को ठेका कर रखनेवाले लोगों ने ?

"क्या नाम है इसका ?" स्वामीजी ने पूछा।

"वीणा, स्वामीजी," ब्रजकिशोर ने उत्तर दिया।

वीणा सजीव चंचल हो गई। स्वामीजी चुपचाप भोजन कर, हाथ-मुँह धो, बाहर गए।

चौदह

विजय के प्रयत्न से साधारण जनों की सहानुभूति बादलों के छिन्न, कटे टुकड़ों की तरह ग्राम्य आकाश घेरकर एकत्र होने लगी। शीतल, सत्-समीर के मन्द-मन्द झोंके हृदय का पहला ताप हरने लगे। ऋतु बदल गई। शिक्षा के जल से उर्वरा भूमि भीग गई। श्यामल सजल मसृण तृण-बाल एक साथ सिर उठाकर पूर्ण प्रीति से लहराने लगे। हवा के साथ बँधकर एक तरफ झुकना पहले-पहल सीखा। ज्यों तृण-संकुलता बढ़ने लगी, स्थानीय पशु-वृत्ति उसे चलकर जीवन की पुष्टि के लिए त्यों-त्यों प्रबलतर, उच्छृंखल हो चली।

देहात के जमींदार लोग किसानों का यह संगठित शिक्षाक्रम देखकर घबराए। प्रकाश मिलने पर स्वभावतः लोगों को अँधेरे की स्थिति, दुःख आदि मालूम हो जाते हैं, और उनका पहला वह भय दूर हो जाता है। विजय के ओजस्वी रूप के भीतर जो शिखा साधारण जनों को दिखी, वह इतनी उज्ज्वल पहले किसी के भीतर न दिखी थी, इसलिए देहात के लोग आज तक आत्म-परिचय-वंचित रह गए थे; और, ज्यों-ज्यों उन्हें अपने हृदय की ज्योतिर्मयी

महिमा-मूर्ति से परिचय मिलने लगा, और सबको एक ही जग-विटप के मनुष्य-सुमन होने का ज्ञान-सूत्र प्राप्त हुआ, उसका पूर्वरूप, जिसमें वह जमींदार के क्रीतदास, ब्राह्मणों के चिर-सेवक और अपने एक दूसरे भाई पर प्रहार करने को उद्यत पुलिस के हाथ के हथियार थे, बदलने लगा; जमींदारों, ब्राह्मणों और पुलिस के कांस्टेबलों-चौकीदारों की त्यों-त्यों त्योरियाँ चढ़ने लगीं।

यदि ताल की मछलियाँ जाल से निकल जाने की कोशिश करें, तो धीवर लोग सारा जल सींचकर उन्हें पकड़ेंगे, यह प्राकृतिक नियम है। विजय के कृत्यों से विजित जमींदार और कुछ और-और लोग इसी प्रकार पहले जाल डालकर फिर जल सींचने का उद्योग करने लगे। पहले, जब जबानी डाँट-फटकार बेकार हुई, तो बड़े साहब के यहाँ विजय के नाम किसानों को बरगलाने की अर्जियाँ देने लगे; कुछ समय तक इसका कुछ असर न होता हुआ देखकर कानूनी चालों से किसानों को किश्ती मात करने पर तुले। पीछे पुलिस और स्थानीय प्रतिष्ठित ब्राह्मण, क्षत्रिय और कायस्थों का बल था, जो गोल पेंदेवाले लोटे की तरह सब तरफ लुढ़कते हैं; जरा इशारा चाहिए; उनका भरा जल ढल जाता है, इसकी उन्हें परवा नहीं; वे खाली रहकर ज्यादा ठनकना चाहते हैं—आवाज-आवाज पर बोलना।

विजय का दीन-दुखियों में बल था, यद्यपि दिल से उसे सभी मानते थे। दीन जनों में सामाजिक और व्यावहारिक कमजोरियाँ-ही-कमजोरियाँ रहती हैं। पड़ोस के जमींदारों ने यहीं से अपनी कामयाबी की नींव डालना शुरू किया। गरीब होने के कारण अधिकांश किसान गाँव और पड़ोस के महाजनों के कर्जदार थे। किसी-किसी का लगान भी बाकी था। जमींदार लोग किसानों की अवस्था जानते थे कि गरीब हैं, कुछ दे नहीं सकते, अगर दावा कर देंगे, तो रुपए कुछ और अदालत में व्यर्थ खर्च होंगे, वसूल कुछ न होगा। इसलिए अगली फसल तक धैर्य रखते थे, और फसल होने पर कुल बकाया और हाल का जो कुछ होता था, वसूल कर लेते थे। अगर किसान किसी महाजन का भी कर्जदार हुआ, तो उसकी रास की लाश पर श्वान और गीध की, अपनी-अपनी सुविधानुसार, झपट होती थी, एक दूसरे की आँख बचाकर नोच लेते थे। पर अबके मिलकर देहात की सामाजिक और जमींदारी प्रतिष्ठा कायम करने के

स्वार्थ की गन्ध से रोचक निश्चल उद्देश्य से जमींदार और महाजनों ने किसानों को तंग करने की सोची। किसानों का सबसे बड़ा कसूर यह है कि वे पहले की तरह नहीं डरते, लगान के अलावा वाजिब-अल् अर्ज से अधिक जो रकम और परिश्रम किसानों से लिया जाता था—हली, भूसा, रस, पुआल, सिंचाई का काम आदि, अब नहीं देते; और ऐसा देखते हैं, जैसे परम मित्र हों।

दबे हुए जो होते हैं, दबना उनका स्वभाव बन जाता है। और जब न दबनेवाली वृत्ति बढ़ती है, तब दबानेवाली वृत्ति भी अपनी उसी शक्ति से बढ़ती रहती है। फिर जिसमें शक्ति अधिक हुई, उसकी विजय हुई। जमींदारों ने अपने एक बड़े स्वार्थ की रक्षा के लिए 'अर्ध तजहिं बुध सरबस जाता' वाली नीति पकड़ी। वसूल करने के अभिप्राय से नहीं, तंग करने के विचार से बाकी लगान का दावा दायर कर दिया। आसपास के चुन-चुनकर गरीब किसान लिए गए। सम्मन जारी हुए। पर जिन-जिनके नाम आए, उन्हें पता भी न चला, और सम्मन तामील हो गए। किसी में लिखा गया, सम्मन नहीं लेता, भग गया। साथ दो गवाह भी हो गए। किसी में लिखा गया, घर से बाहर नहीं निकलता, घर में है, इसलिए दरवाजे पर सम्मन चस्पाँ कर दिया। दो गवाहों के दस्तखत। इसके बाद एकाएक पास-पड़ोस के उन गाँवों में, उन्हीं-उन्हीं किसानों के नाम वारण्ट। सब पकड़कर बैठाए गए। गाँव में खलबली मच गई। स्त्रियाँ ऊँचे, करुण स्वर से स्वामीजी के नाश के लिए हाथ उठाकर ईश्वर से प्रार्थना करती हुई रोने लगीं। कोई विलाप करती हुई अपने महाजन के पास दौड़ी, कोई गाँव के प्रतिष्ठित धनी सज्जन ब्राह्मण-कायस्थ के मकान की तरफ चली। कोई जमींदार के पैरों पड़ने लगी। कोई जमानत के लिए चाहिए, नहीं तो सीधे हवालात बन्द किए जाएँगे। किसानों में किसी की हैसियत ऐसी नहीं, जिसकी जमानत मंजूर हो। चारों तरफ से सधा काम, सरकार के लोग, जमींदार, महाजन, सब सधे। बेचारे खेत जोतनेवाले सीधे किसान, अदालत और पुलिस के नाम से डरनेवाले, हवालात के ताप से सूख गए। लगान बाकी था ही, अदालत में झूठे कैसे कहेंगे। जमींदार के कागजात झूठ नहीं हो सकते। सरकार का लगान बाकी है, इसलिए सजा जरूर होगी। ईश्वर पर विश्वास रखकर, विश्वास के बल पर, अनहोनी को सब

प्रकार सिद्ध करने की जिनकी आदत है, उनके लिए हवालात के बाद सजा तक की कल्पना कर लेना कोई बड़ी बात नहीं। जब लोगों ने सोचा कि पता नहीं, कितने दिनों तक हवालात में बन्द रहना पड़ेगा, और वहाँ भंगी का बनाया भोजन भी करना पड़ता है, नहीं तो कोड़े पड़ते हैं, अगर सजा हो गई, तो लड़के-बच्चे मर जाएँगे, दीन-दुनिया दोनों तरफ से गए, लौटकर रोटी देनी पड़ेगी; तब, चिरकाल की संचित अपनी प्यारी कायरता के सुख की याद कर-कर जमींदार से जुदा होने का अपराध पूरे मन से स्वीकार कर, बालकों की तरह फूट-फूटकर रोने लगे। गाँव के महाजनों ने जमानत देने से इनकार कर दिया। हर गाँव से एक-एक, दो-दो आदमी स्वामीजी के पास मदद के लिए आए, और अपने दुःख का बयान कर रोने लगे। विजय ने सबको समझाकर कहा कि हवालात सबको चले जाने के लिए कहो, पेशी के दिन और-और लोगों को लेकर हम आते हैं, हवालात में फाँसी नहीं हो रही और अपने हक के लिए और सत्य के लिए लड़ रहे हो, डरो मत। पर इसका लोगों पर कुछ प्रभाव न पड़ा। क्योंकि हली न देने में अपना फायदा किसानों को देख पड़ा था, अब नुकसान सामने है। स्त्रियाँ तथा और-और किसानों के भाई-बन्धु समस्वर से कहने लगे, हमें इसी स्वामी ने चौपट कर दिया, हमें तो अपने जमींदार के राज में सुख है। हाथ जोड़कर सब प्रार्थना करने लगे, अब के कसूर माफ कर दिया जाए। मालिक, अब कान पकड़ते हैं, ऐसा काम कभी न करेंगे—तुम जो राह निकालोगे, उसी से चलेंगे। पर किसी की न सुनी गई। चपरासी, कांस्टेबल, जमींदार और कुछ हर गाँव के प्रतिष्ठित लोग गिरफ्तार किसानों को लेकर थाने की तरफ चले। कुहराम मच गया। रोती-बिलखती, अपने जमींदार के पैरों पड़ती हुई, धूलि-धूसर किसानों की स्त्रियाँ भी गाँव की हद तक आईं और एक जगह पछाड़ खाकर ऊँचे स्वर से बार-बार करुणा-मिश्रित प्रार्थना करने लगीं।

किसी की एक न सुनी गई। सब थाने हाजिर किए गए। हवालात की तरफ देखकर बड़े सुख से उभर-उभरकर सब रोने लगे। हाथ जोड़कर बार-बार अपने-अपने जमींदार से कृपा की भीख चाहने लगे। उन्हें हर तरह हारे हुए देखकर, उनसे यह मंजूर करा कि कभी अब स्वामीजी को कोई एक मुट्ठी भीख न देगा, जो पास बैठेगा,

उसे जुर्माना पाँच रुपया देना होगा, मुकदमा दायर करने में जो कुछ खर्च हुआ, उसका दूना लिखकर, उस पर अँगूठा-निशान और साथवाले पड़ोस तथा गाँव के महाजनों की गवाही करा जमींदारों ने उन्हीं से किसानों की जमानत भी लिखा दी। सब लोग जैसे यम के फन्दे से छूटे।

दूसरे ही दिन थानेदार साहब सदल-बल आ धमके, और स्वामीजी को गिरफ्तार कर लिया। जमींदारों ने ऐसा ही मायाजाल रचा था। स्वामीजी का चालान हो गया, सुनकर रहे-सहे लोगों की हिम्मत भी पस्त हो गई। गाँव-गाँव यह आतंक फैल गया। गाँवों में जो साधारण-से पढ़े-लिखे लोग किसान-बालकों को पढ़ानेवाले मास्टर थे, गाँव छोड़कर शहर भाग गए। बालकों ने भी पाठशाला जाना बन्द कर दिया। जमींदार और महाजन लोग रास्ते में मिलने पर आँख दबाकर हँसने लगे।

स्वामीजी का जिला-जेल चालान कर दिया गया। अदालत में थानेदार को सहादत पेश करने की तारीख मिली। मुकदमा राजद्रोह पर था। थानेदार कृपानाथ के गाँव मदद के लिए आए। जितने किसान स्वामीजी के भक्त थे, सबको कृपानाथ ने बुलवाया और थानेदार की तरफ से साक्ष्य के लिए जाने को कहा। दूसरे गाँव के भी किसान लिए गए। किसी में यह हिम्मत न थी, जो गवाही देने से इनकार कर देता, फिर थानेदार साहब ने अपनी इच्छा के अनुसार सबको सिखला दिया कि यह-यह कहना।

पेशी के दिन विजय ने देखा, बुधुआ पहला गवाह है। तरह-तरह की बातों से 'एकं सद्विप्राः बहुधा वदति'—यह उक्ति राजद्रोह के सम्बन्ध में सबने साबित की। विजय की आँखों से आँसू बह चले, किसानों की दशा के विचार से। विचारक को मालूम हुआ, स्वामीजी को कुछ नहीं कहना; तब एक साल की सजा कर दी। किसान अपनी पूर्व स्थिति में दाखिल हो गए।

पन्द्रह

कुछ दिनों बाद, हृदय का उत्सुक उत्स विजय के सुख-पुर की ओर शोभा के रहस्य-समुद्र से मिलने के लिए अजित को भीतर से धकेलने लगा। अजित का जैसा कौतुक-प्रिय पहले से स्वभाव था, वह कल्पना-लोक में लीन, मित्र की शून्य हृदय की शोभा को, किसी एक चिह्न के सहारे प्रयत्न पर युगों की लुप्त श्री के अन्वेषक की तरह, पत्र-मात्र के आशय से खोजने के लिए चला। अज्ञान, भ्रम, कल्पना, उपकथन तथा घटनाओं की कितनी मिट्टी के नीचे ऐसे पत्र की सुहृत् लेखिका अपनी चिर निर्मल धवल धौत शोभा लिए रत्न-प्रभा की तरह, अथाह जल-तल में शुक्ति की तरुण-मुक्ता-सी, अपने जीवनोद्देश्य पर यह शेष-पत्र पुष्पार्पण पर पतझड़ के समय दारु-देह की अदृश्य सुमनावलि की तरह रूप-भार-सुरभिवाली यह निरुपमा कहाँ छिपी होगी ? यदि ताप से दह-दहकर क्षीण से क्षीणतर होती हुई अपने ही प्रिय-पद-चिह्न में लीन हो गई हो, तो ? उसे मैं कहाँ खोजूँगा ? इस प्रकार अनेकानेक काल्पनिक रूप पढ़ता-बिगाड़ता हुआ, प्रगतिशील जीवन-यान के मानसिक उधेड़बुन में पड़े हुए

पथिक की तरह पथ पार करता हुआ, अपने उसी वेश में वह विजय की ससुराल के प्रान्त-भाग के एक प्रान्तर में पहुँचा, और एक पेड़ के नीचे, रास्ते के किनारे, कुछ लकड़ी एकत्र कर, धूनी रमाकर ध्यान में बैठ गया।

एक स्त्री सिर पर एक भार रखे आती हुई देख पड़ी। सजग हो, आसन मारकर साधु ने पलकें मूँद लीं। खुली, उसरीली उस काफी लम्बी-चौड़ी भूमि के बाद विश्राम करने की यहीं एक सुखद छाँह थी। तब तक काफी जाड़ा नहीं पड़ रहा था। साधु को देखकर मनहारिन की आँखों का कौतुक बदल गया। थक भी चुकी थी। अपना हलका भार उतारकर, तृप्ति की लम्बी साँस छोड़कर बैठ गई। बाबाजी से अपने फायदेवाली बातें सोचने लगी। बाजार के लोग, चाहे शहर के हों या देहात के, स्वभावतः खबरें प्राप्त करने के इच्छुक, कौतूहली होते हैं। कोई नई खबर बाबाजी से मिल जाए, जैसी अकसर साधुओं से अब तक उसे मिलती रही है, तो घर-घर सुनाती हुई, स्त्रियों को उभारकर, आशा में बाँधकर, अपना माल ज्यादा बेच सकेगी। मुमकिन, कोई पुरस्कारवाली बात बाबाजी से मिल जाए; इस गरज से कुछ विश्राम कर, उठकर, बाबाजी के पास जा, हाथ जोड़कर दंडवत् की। आँखों में हँसती रही। वह बहुत बार बाबाजियों से मिल चुकी है। वे भिन्न-भिन्न अनेक रूपों से उसके सामने आ चुके हैं। उनमें इन्द्रजाल का भंडार, ऐयाश के गुप्त रहस्य, लड़के होने के उपाय, चोर-डाकुओं के पते, वशीकरण-मन्त्र और विधाता से न हो सकनेवाली कितनी ही घटनाओं का संघटन प्रत्यक्ष कर चुकी है; जैसे—किसी स्त्री के प्रेमी को, जो हजार मील दूर परदेश में कार्यवश रहता है, रात ही भर में प्रेमिका की खबर दे आना; जो अपढ़ है और सुयोग न मिलने के कारण पत्र लिखवाने से लाचार, ऐसा ही किसी पुरुष की ओर से पर्दे के सात परत के भीतर रहनेवाली स्त्री के लिए करना; मन्त्र-शक्ति से भरी हुई राख हाथ में लेकर नाम के साथ फूँक देने पर लाख योजन दूर बैठे हुए दुश्मन का उसी वक्त खात्मा हो जाना; दी हुई रोली का तिलक लगाकर चलने से दूसरों का तिलकवाले को न देख पाना; बाबाजी का दिया हुआ कंकड़ सिर पर रख, साफा बाँधकर जाने से मुकदमा जीत जाना, आदि-आदि। जहाँ मुश्किल मुकाम देखते थे, वहाँ बाबाजी

लोग अनुपान ऐसे बतला देते थे, जो उसके सीधे उपाय के ही अनुसार टेढ़े होते थे। अतः फल न होने पर अविश्वास करने का कारण न रह जाता था। वशीकरण आदि पर तो मनहारिन को स्वयं विश्वास है। क्योंकि शोभा पर उसने इसका प्रयोग एक बाबाजी से कराया था, और उसके माँ-बाप इसी के बाद मरे थे, और वह हाथ भी आ गई थी। पर चूँकि, बाबाजी के कहने के अनुसार, हाथ आने के दूसरे दिन गाँव से न हटाई गई, इसलिए दूसरे के साथ चली गई, मन्त्र की शक्ति उसे दूसरी राह से निकाल ले गई; क्योंकि उसे निकल जाना ही था !

कौतुक से मिली भक्ति से ज्योंही उस स्वार्थ की पुतली को सामने झुकते हुए अजित ने देखा, त्योंही आँखें मूँदकर, अपना प्रभाव डालने के उद्देश्य से, जोर से बोला, "दूर हो, दूर हो, मैं नहीं बचा सकता तुझे !"

मनहारिन के होश उड़ गए। जितने पाप उसने किए थे, छायाचित्रों की तरह उनकी तसवीरें आँखों के सामने सजीव होकर तरह-तरह के विकृत आकृतियों से उसे डराने लगीं, और उसने सोचा कि मेरे पापों का हाल बाबाजी को मालूम हो गया। उसका तमाम जीवन पाप करते-करते बीता है। अजित भी उसकी मुरझाई श्री एक बार देखकर, पलकें बन्द किए, अपनी ताक में, चुपचाप बैठा रहा।

"क्यों बाबाजी, क्या देख रहे हैं आप ?"

"तू क्या नहीं जानती कि क्या देख रहे हैं ? फल देख रहे हैं, जो अब तू भुगतेगी।"

अजित को फल-फूल का कुछ भी हाल मालूम न था। पर आदमी के पुतले में वासना के फूलों से भोग से कड़ुवे फल लगते हैं, इसका अनुमोदन किताबों में उसे मिल चुका था, और उदाहरण भी अपनी ही आँखों कई प्रत्यक्ष कर चुका था। कानपुर के सरसैया घाटवाले रास्ते के दोनों ओर जो साधु बैठे रहते हैं, उनमें एक के पास उसका एक मित्र गया था। साधु के पास प्रणाम करने के लिए जो जाएगा, वह जरूर पापी होगा; अपने एक या अनेक कृत पापों के स्मरण से जब उसे चैन नहीं पड़ता, तब वह साधु की तरफ दौड़ता है कि प्रणाम करके अपने आपका बोझ दूसरे पर लाद दे। साधु इस तत्त्व को खूब समझते हैं। उस मित्र को उस साधु ने फटकारा, तो

उसने सारा किस्सा बयान कर दिया, और ऊपर से पूजा भी चढ़ाई। अजित को एक हाल और मालूम था। एक डॉक्टर थे। वह आध्यात्मिक चिकित्सा करते थे। लखनऊ में रहते थे। आध्यात्मिक चिकित्सा का नाम सुनकर अधिक-से-अधिक लोग उनके बँगले पर आने लगे। डॉक्टर को रोग बतलाना धर्म है। और, पीड़ा के प्रशमन के लिए स्वभावतः रोगी उस समय सारल्य की मूर्ति बन जाता है। इस तरह, कुछ दिन आध्यात्मिक चिकित्सा करने के बाद डॉक्टर साहब ने संसार के रोगियों की संख्या में मालूम कर लिया कि एक विशेष रोगवाले प्रतिशत सत्तर से अधिक हैं। फिर तो डॉक्टर साहब सिर्फ चेहरा देखकर ही रोग के लक्षण बतलाने लगे। उनके उसी खास रोग के कोठे में जब सैकड़ा सत्तर आदमी पड़ते हैं, तब केवल चेहरे से रोग की पहचान कर रोग के साथ लोगों के चरित्र की कथा कहने लगे, और डॉक्टर साहब को आसानी से सैकड़ा सत्तर नम्बर मिलने लगे। बड़ा नाम हुआ। पर डॉक्टर साहब को यह खयाल न रहा कि उनकी यह चारित्रिक पहचान केवल लखनऊवालों पर ज्यादातर पूरी उतरती है, अब नाम फैल गया है, और बाहर से भी लोग आने लगे हैं, जो ऐसे मर्ज में मुब्तिला अकसर नहीं होते। लिहाजा उन्होंने बड़ी भारी गलती की। देहात से एक सूबेदार साहब आए। उम्र चालीस साल, खासे तगड़े-पट्ठे। पर बदन में एकाएक पारा फूट आया था, जिसके दाग चेहरे पर भी जाहिर थे। डॉक्टर साहब धाक जमाने के इरादे से चेहरा देखते ही गालियाँ देने लगे। सूबेदार साहब ने सोचा, यह शायद आध्यात्मिक चिकित्सा-प्रणाली के अनुसार डॉक्टर साहब मेरे रोग को गालियाँ दे रहे हैं, जैसे किसी के सिर ब्रह्मराक्षस आने पर लोग उस आदमी से नहीं, ब्रह्मराक्षस से बातें करते हैं। पर जब सूबेदार साहब को ही वह कहने लगे, 'तूने ऐसा (सम्बन्ध-विशेष का उल्लेख कर) किया, बड़ा नीच है,' आदि-आदि, तब सूबेदार साहब की समझ में बात आई कि यह रोग पर नहीं, मेरे ही झूठे इतिहास पर व्याख्यान हो रहा है। बस, डॉक्टर साहब को देहाती सूबेदार साहब ने उलटा सिर के बल खड़ा कर दिया, और अपने चार सेरवाले चमरौधे उपानहों से चाँद गंजी कर दी, फिर मेडिकल कॉलेज रोग की परीक्षा करवाने चल दिए। वहाँ, डॉक्टर की पूछताछ से, मालूम हुआ, सूबेदार साहब के पिता को यह रोग था,

और सूबेदार साहब के पैदा होने से पहले इसके बीज उनमें आ चुके थे।

अजित इसीलिए चारों ओर से चौकस है। किसी प्रकार भी मनहारिन के मन में कुछ झूठ की शंका हुई कि यहाँ उसके चारों ओर अथाह गहराई हो जाएगी, फिर बुद्धि की बल्ली नहीं लग सकती, कुहरे में प्रकाश की तरह सत्य रहस्य उसकी अपनी पृथ्वी से दूर ही रहेगा।

बाबाजी को एक समझ लेनेवाली आवाज पर चुपचाप बैठा हुआ देख मनहारिन ने समझा, बाबाजी जरूर सबकुछ समझ गए, यह दूसरों से कह देंगे, तो लोग मुझे जीती गाड़ देंगे, और अगर मेरे खिलाफ कोई कार्रवाई होती होगी या कोई खुदाई मार पड़नेवाली है, तो उसे भी यह देख चुके होंगे, नहीं तो ऐसा क्यों कहते ? यह जरूर कोई सच्चे साधु हैं, कैसा चेहरा जगमगा रहा है ! जो होना है, उसके बचाव के लिए इन्हीं का शरण क्यों न लूँ ?

ऐसा निश्चय कर बड़ी भक्ति से उसने प्रणाम किया, और हाथ जोड़े हुए खड़ी रही।

अजित समझ गया कि यहाँ दाल में काला अवश्य है, और पेंचदार शब्दों में फिर कहा, ''अगर साधुओं से भी छिपाना है, तो हाथ जोड़कर खड़ी क्यों हो ? जाओ। जब तक आ नहीं पड़ती, तब तक आदमी की पुतली नहीं समझना चाहती।''

मनहारिन को ऐसा जान पड़ा कि अब कुछ हुआ ही चाहता है। घबराकर बोली, ''महाराज, पेट पापी चाहे जो कर ले, थोड़ा है। अब तो आप ही मुझे बचानेवाले हैं।''

पूरा विश्वास हो जाने पर कि यह कुछ या बहुत हद तक बदमाश जरूर है, उस पर अपनी दूरदर्शिता का प्रभाव डालने के उद्देश्य से गम्भीर हो अजित ने दूसरी भविष्यवाणी की, जिस तरह की विजय से सुनकर वहाँ के जिलेदार पर उसकी धारणा बँध गई थी, ''इस गाँव का जिलेदार, उफ् ! कितना टेढ़ा आदमी है ! समझता है, उसका मतलब कोई नहीं जानता। अरे बच्चे, तू ईश्वर की आँखों में धूल झोंकेगा ? उसके बन्दे सबकुछ जानते हैं। एक पहर से लगातार उसके भूतों से लड़ रहा हूँ, बिना भूतों को उतार दिए साधु गाँव में भिक्षा लेने कैसे जाए ? पर भूत नहीं उतर रहे।

उसके दिल में तो कहीं रत्ती-भर भलाई का ठौर ही नहीं, इसीलिए भूत छोड़ भी नहीं रहे !''

अजित आप-ही-आप जोर से खिलखिलाकर हँसा, ''तुम्हारे भूत सब बयान कर रहे हैं। अच्छा, ऐसा भी किया ! अच्छा, यह भी हुआ !''

यह कहकर मुस्कुराती आँखों से मनहारिन की तरफ देखा। उसको जिलेदार पर होनेवाली बातें सुनकर काठ मार गया था। उसके अपने भी पाप जिलेदार के साथ किए हुए याद आ रहे थे। स्वामीजी जान गए। समझकर उनके देखने के साथ बोली, ''इसी ने मुझसे कहा था महाराज, और रुपए का लालच दिया था कि पच्चीस रुपए दूँगा, अगर शोभा को ला दे। बड़ा बदमाश है। उसके बाप की चार-पाँच हजार की रकम घर में डाल ली। उसे भी बिगाड़ देता, पर वह खुद कहीं चली गई। बड़ी नेक, बड़ी भोली लड़की थी महाराज ! और पता नहीं, कहीं इसी ने मारकर डाल दिया हो, पर लोग कहते हैं, किसी के साथ भाग गई।''

सिर हिलाकर स्वामीजी ने कहा, ''बात तू ठीक कहती है।''

महाराज का मन पा, उनकी कृपा से अपने बचाव की पूरी आशा कर, आप-ही-आप उच्छ्वसित हो मनहारिन कहने लगी, ''महाराज, इस गाँव का तअल्लुकदार, कौन नाम ले मुए का–चार रोज खाना न मिले, पक्का बदमाश है, वही यह सब कराता है, उसी के लिए बेचारी को घर छोड़कर भागना पड़ा,'' कहकर एकाएक करुण स्वर से रोने लगी, फिर आप ही आँसू पोंछकर कहा, ''और रामलोचन की बेटी तो, या अल्लाह ! ऐसी गई, जैसे किसी को पता भी न हो।''

''अच्छा, अब तू जा, कल मिलना, मैं शाम तक उसके भूतों को दो रोज के लिए मना लूँगा,'' कहकर स्वामीजी ने पलकें मूँद लीं।

मनहारिन उसकी प्रसन्नता से खुश हो, अपनी टोकरी सिर पर रख, गाँव की ओर चली।

सोलह

मनहारिन के पैर तेज उठने लगे। सोचने लगी—कब गाँव पहुँचूँ, कब महादेव मिले। अपनी ओर से निश्चिन्त हो गई थी कि खुदाई मार बाबाजी टाल ही देंगे, दूसरों के लिए कौतुक बढ़ा। महादेव से वह नाराज थी। महादेव उससे काम भी निकालता था, और शेखी भी बघारता था, जैसे उसका मालिक हो ! शोभा के मामले में पच्चीस रुपए देने को कहा था, सिर्फ दो दिए थे, और एहसान भी नहीं माना, कहा कि यह सब तो मैंने खुद किया है, तुझे इसीलिए दो रुपए देता हूँ कि तू बुरा न माने। अब वही महादेव अपने पाप के फन्दे में फँसा है। देखूँ जरा, क्या कर रहा है। अल्लाह की कसम, जो कभी बाबाजी का नाम बताऊँ। ले अब मजा, और देखती हूँ, कौन तुझे अच्छा किए देता है।

सोचती हुई मनहारिन गाँव के भीतर आई। निकास पर ही जिलेदार महादेवप्रसाद का मुकाम, जमींदार का डेरा मिला। चौपाल में चारपाई पर पड़े महादेवप्रसाद कराह रहे हैं। तीन-चार रोज से कमर में सख्त दर्द है। कुछ बुखार भी है। चारपाई के एक बगल

कच्ची मिट्‌टी के गमले में कंडे की आग सुलग रही है, थूहड़ और मदार के कुछ पत्ते इधर-उधर पड़े हैं, जैसे सेंक हो रही थी, और ये पत्ते बाँधने के काम से लाए गए थे। तीन-चार साल पहले एक बेवा की अटारी से रात को कूदने से कमर में इन्हें चोट आ गई थी, अब एकाएक उभर आई है।

महादेव का कराहना सुनकर मनहारिन बड़ी खुश हुई, और बाबाजी पर उसे पूरा विश्वास और अचल भक्ति हो गई। ''अरे जिलेदार साहब,'' चारपाई के नजदीक जा आवाज दी, ''क्या हो गया है आपको ? आज पाँचवें दिन मुझे इस गाँव फेरी डालने का मौका मिला है, उस रोज तो आप अच्छे थे।''

''अरे भाई, मर रहा हूँ, और क्या कहूँ !'' काँखते हुए महादेवप्रसाद ने कहा।

मनहारिन ने टोकरी वहीं उतारकर रख दी। इधर-उधर देखा, कोई न देख पड़ा। पास जाकर धीमे स्वर से कहा, ''यह और कुछ नहीं, तुम्हारे ऊपर भूत सवार है। गाँव के कनारे एक बाबाजी बैठे उन भूतों से लड़ रहे हैं। कहते हैं, 'वे सब पापवाले भूत हैं।' महादेवप्रसाद के सब हाल बयान कर रहे हैं, और वह जो कुछ कहते हैं, हर्फ-हर्फ सच्चा है। अभी तुम्हें देखा नहीं। पर सारा हाल बयान कर रहे हैं। और, एक ही का हाल नहीं, सबका, चाहे जो जाए। मुझसे कहने लगे, मनहारिन, तू दिल से बड़ी भली है, तेरे पेट में छल नहीं रहता, महादेव जिलेदार ने तेरे रुपए नहीं दिए, इसका उसे बड़ा बुरा फल मिलेगा।''

पिछले वाक्य से महादेवप्रसाद को आग लग गई। पहले जैसा विश्वास हुआ था, वैसा ही अविश्वास भी हुआ कि बिलकुल झूठ कह रही है। लछमन तरकारी लेकर मकान के भीतर गया था, उसे आवाज दी। रुख बदला हुआ देखकर मनहारिन ने अपनी टोकरी उठाई और यह कहकर कि आप समझोगे, मैं सच कहती हूँ या झूठ, वहाँ से चल दी।

फिर घर-घर बाबाजी के शाम को आने की बात, महादेव के भूतों से लड़ना, मन की बात जान लेना, बहुत पहुँचे हुए फकीर होना, शोभा का रत्ती-रत्ती पता रखना, और सब प्रकार के असम्भवों को क्षण-मात्र में सम्भव कर देना, आदि-आदि खूब रँगकर स्त्रियों को

सुनाने लगी। बाबाजी के दर्शन के लिए तरह-तरह की कामना रखनेवाली स्त्रियों को उद्ग्रीव कर, पूरा विश्वास भरकर शाम से पहले अपने घर चली गई। बाबाजी ने दूसरे दिन मिलने के लिए कहा है, इस न लाँघनेवाले उपदेश पर पूरी भक्ति रखने के कारण दूसरी राह से घर गई। बाबाजी से उस रोज फिर नहीं मिली।

चार बजे के करीब, पिछले पहर, अजित गाँव के भीतर गया। उसे गाँव के कई और लोगों ने आसन मारकर धूनी के किनारे ध्यान करते हुए देखा था। गाँव में जाकर उन लोगों ने भी महात्माजी के आगमन की चर्चा की। मनहारिन पूरे उद्वेग से प्रचार कर ही रही थी। महात्माजी गाँव के किनारे बैठे हुए तपस्या कर रहे हैं, दुपहर बीत गई हैं, उन्हें कुछ भोजन न पहुँचाया जाएगा, तो गाँव के लिए हानिकर है, इस विचार के, धर्म को प्राणों से प्रिय समझनेवाले कुछ लोग दूध, मिठाई और भोजन आदि थाली में सजाकर ले आए, पर स्वामीजी ने गम्भीर होकर कहा, "तुम लोगों की सेवा से मैं बहुत प्रसन्न हूँ, मैं दिन को भोजन नहीं करता, शाम को तुम्हारे गाँव जाने पर करूँगा, अभी मैं एक विशेष कार्य में दत्तचित्त हूँ, तुम लोग लौट जाओ।"

लोग प्रणाम कर, स्वामीजी की प्रोज्ज्वल यौवन की शिखा को राख में ढकी हुई कुहरे के भीतर से सूर्य की सुन्दरता देखकर मन-ही-मन प्रशंसा करते हुए चले गए, स्वामीजी के गाँव जाने पर लोग उनके दर्शन के लिए एकत्र होने लगे। सन्ध्या के बाद अधूरी आकांक्षावाली स्त्रियों ने, मौका मिलने पर दर्शन करेंगी, सोच रखा था। मनहारिन के मुँह से जैसी तारीफ ने स्वामीजी की सुन चुकी थीं, उन्हें विश्वास हो गया था कि जरा-सी प्रार्थना कभी भी स्वामीजी की कृपा होने पर अधूरी न रह जाएगी। जिसके पति को खबर न थी और जो स्वामीजी से कोई कामना पूरी कर लेना चाहती थी, पति के आते ही स्वामीजी की अनर्गल तारीफ कर दर्शन के लिए भेज दिया, और लोगों के आने पर खुद भी जाएगी, यह आज्ञा ले ली।

एक तरफ गाँव के एक बड़े शिवालय में स्वामीजी ठहरे हुए हैं। अभी सूर्यास्त नहीं हुआ। अस्ताचल चलनेवाले सूर्य की किरणों से शिशिर के शीश पर सुनहला ताज रखा हुआ है। खगकुल अपने आवास की डाल पर स्नेह-कलरव द्वारा मातृ-स्वरूपा प्रकृति की रानी

की सान्ध्य वन्दना कर रहे हैं। नवीन शस्य और सजल शोभा दिगंत तक फैली हुई मनुष्यों के जीवन की छोटी-बड़ी कल्पनाओं की तरह पृथ्वी की गोद पर लहरा रही है। मधुर मोहक स्वप्न की तरह, मनुष्य के मन को अपनी स्थितिवाली संकीर्णता से भुला, माया-मरीचिका में दूर—दूरतर ले जाकर सुख और ऐश्वर्य का पूर्ण अधिकारी बना रही है। प्रकृति की इसी प्राकृत अवस्था के कारण आज घोर दुःख में पड़ा हुआ मनुष्य कल सुख की कल्पना-मात्र से उसे भूल जाता है। यहाँ के मनुष्य सब ऐसे ही दिखते हैं। सबके चेहरे पर प्रसन्न संसार की माया, प्रशंसा, तृप्ति ही विराजमान है। कल जो तूफान उठा था, जिसमें उनके भरे हुए कितने ही जहाज डूब गए थे, आज उस क्षति का कोई चिह्न उनके चेहरे पर नहीं। वे पहले ही जैसे सुखी, निश्चिन्त हैं। प्रकृति ने, जिसने बाहर से उनका सबकुछ छीन लिया था, आज भारत से और बाहरवाली विराट् प्रकृति से, जिसके भोग में सबका बराबर हिस्सा है, उन्हें सभी कुछ दे दिया है—वे अभाव का अनुभव नहीं करते। कितने कष्ट हैं यहाँ, कितनी कमजोरियों से भरा हुआ संसार है यह, पद-पद पर कितनी ठोकरें लग चुकी हैं, पर सब लोग फिर भी समझते हैं—वे अक्षत हैं, वे ऐसे ही रहेंगे; तभी पूरी प्रसन्नता से हँसते हैं, और खूब खुलकर बातचीत करते हैं। वर्षा की बाढ़ की तरह कितने प्रकार के दुःख-कष्ट उन्हें उच्छ्वसित कर, डुबा-डुबाकर चले गए, पर दुःख-जल से हटने के बाद कुछ ही दिनों में सूखकर फिर वैसे ही ठनकने लगे। साधु-दर्शन के लिए तन-मन-धन से आए हुए इन लोगों के प्रमाद-स्वर में तन, मन और धन की ही गुलामी के तार बज रहे थे। बातें ईश्वर की करते हैं, पर ध्वनि संसार की होती है कि हम बड़े मौज में हैं—ईश्वर की बातचीत खाते-पीते हुए सुखी मनुष्यों का प्रलाप है।

अजित यही सब, चुपचाप बैठा हुआ, सोच रहा था। लोग स्वामीजी की तारीफ कर रहे थे कि ज्ञान का क्या कहना है, नहीं तो स्वामीजी की उम्र अभी संन्यास लेनेवाली न थी। साथ-साथ थोड़ी उम्र में योग लेनेवाले शुकदेव, नारद, ध्रुव आदि ऋषियों और तपस्वियों के उदाहरण एक के बाद दूसरा पेश करता जाता, बातचीत का सिलसिला धर्म, इतिहास, योग और दर्शन के भीतर से न टूटता था।

जब अपनी वर्तमान स्थिति, सामाजिक दुर्दशा, राजनीतिक हीनता और धार्मिक पराधीनता पर किसी ने भी प्रश्न न किया, तब घबराकर और अयोग्यों को रत्न-राशि देने पर दुरुपयोग के विचार से उन्हीं की मानसिक स्थिति के अनुकूल अजित उपदेश-मिश्रित बातें कहने लगा।

"आजकल गृहस्थों के घर में शुद्ध धान्य नहीं होता, इसलिए साधु को भोजन से पाप स्पर्श करता है, संस्पर्श दोषवाली कथा तो तुम लोगों को मालूम होगी ?" स्वामीजी ने गम्भीरता से कहा।

लोग एक दूसरे की तरफ देखने लगे। सुगन्ध पुष्प में भी कीट होते हैं। वहाँ ऐसा कोई न था, जिसमें किसी प्रकार का भी धब्बा व्यक्तिगत या पारिवारिक न लगा हो—किसी के पिता पर, किसी की माता पर, किसी की बहन पर, किसी के अपने शरीर पर। सब लोग चौकन्ने हो गए, और अपने साथ-साथ दूसरों के चरित्र की चित्रावली देखने लगे—मन में भरे, तकरार होने पर जिसे गोली की तरह दागते थे। मन प्रशमित हो जाने के कारण सब लोग स्वामीजी की दूरदर्शिता के कायल हो गए।

यद्यपि अजित को लोगों की मुख-मुद्रा से अपने सिद्धान्त की सच्चाई मालूम हो गई, फिर भी अकारण उसने इधर को रुख नहीं किया। एक स्थविर मनुष्य की ओर देखकर पूछा, "आप लोग यहाँ कैसे रहते हैं ?"

"बड़े अच्छे रहते हैं महाराज, आपकी कृपा से कोई दुःख नहीं।" हाथ जोड़कर बड़ी नम्रता से उसने उत्तर दिया।

'आज यही नम्रता शक्ति-क्षीणता का कारण है।' मन-ही-मन अजित ने सोचा—'ये अपने दुःखों के कहने से भी घबराते हैं, सहते हुए घर जाना इन्हें स्वीकार है, कितना पतन है यह !'

कुछ इधर-उधर की बातें हुईं। शाम हो गई थी। अजित ने अपने कर्म-कांड में लगने के लिए कहा। लोग उठकर चले।

रात क्रमशः घनीभूत होने लगी। अजित का दिखाऊ कर्मकांड पूरा हो गया। संस्पर्श-दोष के विषय पर जैसी बातचीत स्वामीजी ने की थी, आनेवाले लोगों में से किसी को भी स्वामीजी के लिए भोजन भिजवाने की हिम्मत न हुई। क्योंकि कहीं स्वामीजी ने संस्पर्श-दोषवाला हाल लोगों से बयान कर दिया, तो नाक जड़ से कट जाएगी, यद्यपि

उनकी नाक गाँव के बाकी सभी लोगों के मन के हाथों कटी ही रहती थी—एक-दूसरे की नाक गदोरी पर रखकर दिखाते हुए दूसरे से बातचीत करते हो—ऐसा भाव रहता था।

यह स्पर्श-दोषवाली व्याख्या स्त्रियों के कान तक न पहुँची थी, पहुँचती भी, तो भी इतना व्यापक अर्थ शायद वे न लगातीं, यद्यपि दूसरों को इस दोष में पतित देखने की वे ही अधिक अभ्यस्त थीं। इसलिए न लगातीं, क्योंकि उन्हें स्वामीजी से वरदान लेना था।

कुछ रात बीतने पर गाँव से कुछ स्त्रियाँ स्वामीजी के दर्शनों के लिए चुपचाप गईं। जहाँ स्वामीजी टिके हुए थे, वहाँ तक जाने में कोई भयवाली बात न थी। एक पहर से कुछ अधिक रात तक स्वामीजी के पास स्त्रियों की भीड़ रही। उनका चढ़ाव स्वामीजी उन्हीं की पत्तलों में धूनी के एक बगल रखवाते गए और राख उठा-उठाकर हर प्रार्थना की अचूक दवा के तौर चुपचाप देते रहे। बड़े भक्ति-भाव से राख आँचल के छोर में बाँध-बाँधकर स्त्रियाँ लौटती रहीं।

रात डेढ़ पहर बीत गई। चारों ओर गाँव में सन्नाटा छा गया। लोग घरों में सो गए। अजित भविष्य के छिपे हुए चित्र को कल्पना-शक्ति से तपस्वी की तरह प्रत्यक्ष करने का प्रयत्न कर रहा था। पर चारों ओर उसे अन्धकार-ही-अन्धकार देख पड़ता था। ऐसे समय उसी की कल्पना मानो नारी-रूप ग्रहण कर भक्त के सामने श्यामा की तरह आकर खड़ी हो गई।

स्वच्छ-सफेद वस्त्र में अकेली एक युवती स्त्री को सामने खड़ी हुई देख अजित की नस-नस में रक्त-प्रवाह तेज हो गया। इसका क्या कारण, जो इतनी रात को वह युवती स्त्री यहाँ आई? अपने को सँभालकर दृढ़ स्वर से पूछा, "तुम कौन हो?"

युवती धीरे-धीरे बढ़कर उसके निकट आई, और भूमिष्ठ हो प्रणाम किया।

"महाराज, मेरा नाम राधा है," उठकर हाथ जोड़कर कहा, "शोभा मेरी दीदी है। जब से गई, उसका पता नहीं मिला। आप तो जानते हैं, मनहारिन मौसी कहती थी, बताइए।"

राधा के कंठ की सहानुभूति से अजित को मालूम हो गया कि यह स्नेह-पीड़ित होकर शोभा का पता मालूम करने आई है।

"तुम्हारी कैसी दीदी है?" स्वामीजी ने पूछा।

राधा सिसक-सिसककर रोती हुई धीरे-धीरे कहने लगी कि वह शोभा के यहाँ टहल करती थी, शोभा के माता-पिता का स्वर्गवास हुआ, उसे महादेव गाँव के तअल्लुकेदार के यहाँ धोखे से ले जाना चाहता था, पर राधा को अपने पति से खबर मिली, उसने शोभा से कहा, उसी रात को वह गायब हो गई—बगीचे-बगीचे न जाने कहाँ जाकर छिप गई है, इसके बाद राधा कानपुर कुछ दिन के लिए गई थी, पर वहाँ शोभा का पता न मिलने से जी ऊबा, तो चली आई, यहाँ आने पर उसे मालूम हुआ कि स्वामी उसे लेने के लिए आए थे। एक-एक बात अजित पूछता गया, और राधा कहती और आँसू पोंछती गई।

राधा का ऐसा प्रेम देखकर अजित अपने को छिपा न सका। कहा, ''राधा, मैं संन्यासी नहीं हूँ, तुम्हारी ही तरह शोभा की खोज करनेवाला उसके पति विजय का एक मित्र अजित हूँ। यदि मैं कभी शोभा का पता लगा सका, तो पहचान के लिए तुम्हें ले जाऊँगा। यह भेद किसी से जान रहने तक कहना मत। अब मुझे वह बगीचा भी दिखा दो, जिससे होकर शोभा गई थी।''

वह स्वामीजी नहीं, शोभा के पति विजय का मित्र अजित है, उसकी शोभा दीदी को खोजता हुआ आया है, सुनकर राधा को शोभा के मिलने का सुख हुआ। मित्र का मित्र पुरुष हो या स्त्री, मित्र ही है। कितना स्नेह मिलता है ऐसे मित्र से ! राधा कली-कली से खुल गई। राजी हो, बाहर-बाहर, गाँवों के रास्ते छोड़कर वासुदेव बाबा के पास अजित को ले चली। कितना सुख एक साथ चलकर उसे मिल रहा है, अनुभव कर रह जाती है।

सत्रह

कई रोज हो गए, स्वामीजी नहीं लौटे। वीणा अपने ऊपर होनेवाले तअल्लुकेदार के अत्याचार की रोज शंका करती और वीणा के तार की ही तरह काँप उठती है। उसका सहृदय भाई ब्रजकिशोर भी उसके लिए सोच में रहता है। विधवा कितनी असहाय और अनावश्यक इस संसार के लिए है ! वीणा सोचकर, रोकर, आप ही आँचल में आँसू पोंछ लेती है, 'क्या विधवा-जैसी दुखी विधाता की दूसरी भी सृष्टि होगी, जो सखियों में भी खुले प्राणों से बातचीत नहीं कर सकती, भोग सुखवाले संसार के बीच में रहकर भी भोग-सुख से जिसे विरत रहना पड़ता है, आँख के रहते भी जिसे चिरकाल तक दृष्टिहीन होकर रहना पड़ता है ?'

कैसे दो परस्पर विरोधी संग्राम वीणा के जीवन में छिड़े हैं—एक ओर तो मरुस्थल के पथिक का-सा चित्त सदैव व्याकुल है, दूसरी ओर उसके जीवन की अदृश्य अप्सरा, अपनी सोलहों कलाओं से विकसित, उसके हृदय के तारों को खींच-खींचकर चढ़ा रही है—प्रति जीवन की रंगभूमि में जैसे मृदु चरण उतरकर अपनी वासना-विह्वल

नई रागिनी गाया करती है, गाना चाहती है; यह ज्ञान नहीं कि यह विधवा है—इसके उज्ज्वल वस्त्र पर काले छींटे पड़ेंगे—जीवों को साँस-साँस पर पैदा हुई प्राणप्रियता में बाँधकर चिर-अधीन कर रखनेवाली प्रकृति देह की विटपी को वासन्तिक पृथुल-पल्लव-भार, सुमनाभरण, सौरभ-मद से भर रही है। मनुष्यों के कानून का कोई मूल्य होता, यदि वह पूर्ण के लिए पूर्ण कुछ होता, तो प्रकृति भी उस मर्यादा को मानकर, उसके सामने आँखें झुकाकर चलती। चिराभ्यास में बँधा वीणा का रुचिर मन भीतर के इस अपार उत्सव में इसीलिए आप-ही-आप सम्मिलित हो जाता है, जबकि यह मन की ही एक स्वतन्त्र रचना है, जहाँ वीणा को उसने संसार के यज्ञ में श्रेष्ठ भाग लेने के योग्य बना दिया है।

तब वीणा अपने एकमात्र आश्रय स्वामीजी को सोचकर, उनकी निश्चल-निश्छल सहानुभूति में डूबकर, स्वप्न के भीतर जैसे मन्द-पदचाप प्रणय से हिलते हृदय से साथ-साथ फिरती हुई स्नेह और सौन्दर्य की अपलक आँखों से देखती रहती है। स्वामीजी को वह क्यों प्यार करती है, वह नहीं जानती; वह प्यार करती है, किसी से कह नहीं सकती; प्यार न करे, ऐसा नहीं हो सकता। स्वामीजी के हृदय में उसके लिए क्यों सहानुभूति पैदा हुई ? वह विधवा है, इसलिए उसका स्वामी उसकी दृष्टि से सदा के लिए ओझल हो गया है—वह कृपा की पात्री है, इस कारण; और स्वामीजी मन से उसे फिर विवाह कर सुखी होने की आज्ञा देते हैं—इतनी उदारता उसके लिए जब वह दिखा चुके हैं, तब उसके हृदय के देवता उनके लिए अनुदार कब होंगे ? जिन्होंने स्वामीजी के भीतर से उसे इतना दिया था, वे ही उसके भीतर से स्वामीजी को इतना दे रहे हैं।

दिन ढलते-ढलते खबर मिली कि स्वामीजी आ गए। वीणा दूसरों के अश्रुत मधुर स्वर से बज उठी। ब्रजकिशोर स्वामीजी के पास गया।

"कोई नई बात तो नहीं हुई ?" आग्रह से अजित ने पूछा।

"नहीं स्वामीजी, पर शंका है, और कोई तअज्जुब नहीं, जब हो जाए।" ब्रजकिशोर ने दुर्बल कंठ के स्लथ शब्दों में कहा।

"मैं समझता हूँ, तुम अपनी बहन को लेकर मेरे साथ कानपुर चलो; वहाँ एक मकान तुम्हारे लिए ठीक कर दूँगा, खर्च की चिन्ता

न करो; खर्च मैं देता रहूँगा; पर एक भेद मत खोलना; मैं उन्नाव उतरकर, दूसरी गाड़ी से आकर तुम्हें मुसाफिरखाने में, सादी पोशाक में, मिलूँगा; वहाँ तुम्हारा बन्दोबस्त ठीक कर मुझे फिर यहीं लौट आना है; पर स्थायी रूप से इस गाँव में न रहूँगा; तुम कुछ और मत सोचो; मैं तुम्हारी ही तरह एक मनुष्य, तुम्हारा मित्र हूँ। जाओ, आज ही वाली गाड़ी के लिए तैयारी कर लो।"

ब्रजकिशोर सूख गया। पूछा, "आपका नाम ?"

"मेरा नाम अजित है; पर किसी से कहना मत।"

ब्रजकिशोर चला गया।

दूसरे दिन वीणा ने कानपुर-स्टेशन पर देखा, स्वामीजी स्वामीजी नहीं, एक सुन्दर नवयुवक हैं।

अठारह

वर्षा के घुँघराले, काले-काले दिगंत तक फैले हुए बाल धीमी-धीमी हवा में लहरा रहे हैं। उसने सारे संसार को सुख के आलिंगन में बाँध लिया है। प्रसन्न-मुख जड़ और चेतन प्रतिक्षण प्रणय के सुख में तन्मय हैं। पक्षियों के सहस्रों वरभंग निस्तरंग शून्य-सागर को क्षुब्ध कर-कर उसी में तरंगाकार लीन हो रहे हैं। गुच्छों में खुली-अधखुली किरणों की कलियों-सी युवती-तरुणी बालिकाएँ, जगह-जगह हिंडोरों पर झूलती हुई; इसी प्रकार जनता के समुद्र को सुहावने सावन, मल्हार, कजली और बारामासियों से समुद्वेल कर रही हैं। सुप्ति के स्वप्न में भारत जगने का दुख भूल गया है।

दिन की इस रात में केवल प्रभाकर जग रहा है। उसी ने इस रूप की मरीचिका को आत्मसमर्पण नहीं किया। अपने कमरे में फ्रांस के विप्लव पर लिखी हुई एक पुस्तक चुपचाप बैठा हुआ पढ़ रहा है। संसार की जनसत्ता के विचार-विवर्तनों पर दूर परिणाम तक बहता हुआ चला जाता है।

इसी समय एक वाहक के हाथ एक पत्र मिला। वाहक की

चपरास देखकर प्रभाकर समझ गया, पत्र अदालत के किसी हाकिम द्वारा भेजा हुआ है। वाहक अपनी किताब में दस्तखत करा, छाता लगाकर, दूसरे पत्र जल्द-जल्द पहुँचाने के उद्देश्य से चला गया। प्रभाकर ने चिट्ठी खोलकर देखी। डिप्टी-कमिश्नर ज्ञानप्रकाशजी ने बुलाया है। घड़ी देखी, साढ़े चार का समय। आज ही पाँच बजे मिलने के लिए बँगले पर बुलाया है। कुछ जलपान कर अपने साधारण पहनावे में प्रभाकर डिप्टी-कमिश्नर साहब के बँगले के लिए रवाना हो गया।

पहुँचकर देखा, एक तरफ कुछ आदमी बेंचों पर बैठे हुए बातचीत कर रहे हैं। सामने काफी बड़ा, कटी हुई हरी घास का मैदान। नौकर टेनिस खेलनेवाला नेट लगा रहे हैं। प्रभाकर को पहले तो कुछ संकोच हुआ, पर मन को अँगरेजी सभ्यता से रँगकर धीरे-धीरे खिलाड़ियों में शरीक होने के लिए उसी तरफ बढ़ा। वहाँ ऐसा कोई न मिला, जिसकी आज्ञा लेता, पुनः डिप्टी-कमिश्नर साहब के वहीं रहने की सम्भावना दिल को सुबूत दे रही थी।

जब प्रभाकर वहाँ पहुँचा, तब वहाँ के लोगों की खास बातचीत का तार न टूटा था। दो युवतियाँ और तीन युवक बेंचों पर बैठे थे। कुछ ठहरकर जैसे अपरिचित प्रवेश के लिए भीतर तैयार हो रहा हो, जब मौजूद लोगों ने आने का कारण नहीं पूछा, एक तरफ, छूत से बच-बचाकर बैठ गया। एक बार देखा तो सबने, पर पूछा किसी ने नहीं।

उपस्थित लोगों का चलता प्रसंग न रुका। एक युवती ने कुछ बेअदब सरल स्वर से पूछा, "हाँ, तेज बाबू, गवर्नर साहब ने फिर क्या कहा ?" पूछकर आँखों में हँसती हुई तेज बाबू को देखती रही।

बाबू तेजनारायण अपने नाम के सार्थक उदात्त स्वरों से, अपनी प्रतिष्ठा के मुख्य प्रचारोद्देश्य को छिपाकर, गौण गवर्नर साहब से मिलनेवाला प्रसंग कह चले, "गवर्नर साहब बड़े प्रेम से मिले। अँगरेजी सुनकर दंग हो गए। तारीफ भी दिल खोलकर की। कहा, ऐसी अँगरेजी आप बोलते हैं, उच्चारण, स्वरपात सब इतने ठीक कि विवश होकर कहना पड़ता है कि यह कुइंस इंग्लिश (रानी के मुँह की अँगरेजी) है, और हिन्दुस्तानवाले अँगरेजी क्या बोलते हैं, अपनी

नाक कटाते हैं। फिर मेरे प्रबन्ध की तारीफ की।''

''आपका प्रबन्ध कहाँ छपा है ?'' युवती ने भौंहें टेढ़ी कर परीक्षा के स्वर से पूछा।

''दी न्यू लाइट में।'' तेज बाबू ने विनय के गर्व से कहा।

''अच्छा, नाम तो इस अखबार का–अखबार है या मासिक पत्र ?...अभी तक नहीं सुना।'' युवती ने उसी तरह पूछा।

''साप्ताहिक है। हाल ही निकला है। खूब लिखता है।''

''अच्छा, तो यह पत्र भी गवर्नर साहब पढ़ते हैं !'' गम्भीर हो युवती ने अपनी चोट छिपा ली।

''हाँ, उनके पास सभी पत्र जाते हैं।'' तेज बाबू अप्रतिभ हो रहे थे।

''हाँ, फिर ?'' युवती ने उत्साह दिया।

''कहने लगे, 'बहुत अच्छा प्रबन्ध आपने लिखा है। आप जैसा धर्म चाहते हैं, आपको चाहिए कि देशी नरेशों में, खासकर राजपूताने में आप इसका प्रचार करें। इससे उनको एक नई रोशनी मिलेगी। वे आधुनिक बन सकेंगे।' फिर शिकार की बातचीत हुई। मुझे साथ ही लिए जा रहे थे। मैंने कहा, 'मैं अपनी बन्दूक घर छोड़ आया हूँ, मेरा हाथ उसी में अच्छा सधा है, बन्दूकों में मक्खियाँ तरह-तरह की होती हैं, इसलिए नई बन्दूक से पहले-पहल निशाना ठीक नहीं लगता।' सुनकर गवर्नर साहब हँसने लगे। समझ गए कि इन्हें इधर भी काफी दखल है।''

युवती कुछ सोचकर मुस्कुराई। हँसी को पीकर तेज बाबू पर बाढ़ रखती हुई अपनी संगिनी से बोली, ''तेज बाबू हैरो के पढ़े हुए हैं, बराबर लॉर्ड घराने के लड़के इन्हें न्योते देते रहे, और ये दो हजार खर्चवाले न्योते का जवाब पाँच हजार खर्च से देते गए !''

''सब आपकी कृपा है !'' बड़े नम्र भाव से तेज बाबू ने उत्तर दिया।

''कहते हैं, वहाँ के बड़े-बड़े लोग भी आपको नहीं लुभा सके। कोई बड़ी बात नहीं थी, सिर्फ धर्मवाला चोला जरा बदल देना था–बस, लॉर्ड खानदान की एक मिस इनसे शादी करने को एक पैर से तैयार थी।'' चपला कौंधकर भाव की गहनता में छिप गई। निकलकर फिर पूछा, ''आपने तो कुछ नाम बतलाया था ?''

"नहीं, अब उनकी शादी हो चुकी है, नाम बतलाना जरा सभ्यता के..." तेज बाबू गिड़गिड़ाए।

"हाँ-हाँ, खिलाफ होगा।" अपनी संगिनी की तरफ फिरकर युवती बोली, "यह कोई मामूली त्याग नहीं। मैं समझती हूँ, वह स्त्री बड़ी भाग्यवती है, आप जैसे सच्चरित्र नई रोशनी के तिलक विवाह के लिए जिसे पसन्द करेंगे।"

तेज बाबू तरुणी को प्राप्त करने की प्यासी दृष्टि से देखते रहे। बार-बार आकर इंगित द्वारा उसे समझा चुके हैं कि विवाह के योग्य वह उसे ही इस संसार में समझते हैं और उनके ये इशारे युवती समझ भी चुकी थी।

तेज बाबू जज के लड़के हैं। एकाएक उठकर खड़े हो गए, कहा, "सीधे यहीं चला आया, आज्ञा दीजिए, टेनिस सूट बदल आऊँ। कमिश्नर साहब भी निकलते होंगे।"

"सुना है, गिरगिट दिन-भर में बहुत-से रंग बदलता है, आप तो आदमी हैं; एक रोज कोट उतारकर कमीज पहने हुए खेल लीजिए, हम लोग खिजाँ को बहार समझ लेंगी।"

"आपकी जैसी आज्ञा, पर टेनिसवाले जूते नहीं। बिना जूते के..."

"जूते आपको यहीं मिल जाएँगे।" युवती की तरुणी संगिनी हँसी न रोक सकी। दूसरे सज्जन रामकुमार और राधारमण भी मुस्कुरा दिए।

रामकुमार मजाक को कायम रखने के विचार से बोले, "आजकल तो नंगे पैर खेलने की सभ्यता है।"

तेज बाबू ने मस्तिष्क में विशेष जोर दिया। पर उन्हें याद न आई, यूरोप में लोगों को नंगे पैर खेलते हुए कहाँ देखा है। पर युवती के सामने, इतना यूरोप-भ्रमण करके भी मामूली-सी बात में अज्ञ बन जाना अपमानजनक है, सोचकर बोले, "अभी यह प्रथा महिलाओं में ही कहीं-कहीं प्रचलित हुई है।"

"पर आप महिलाओं के पथ-प्रदर्शक जो हैं। उस रोज आपने कहा था।" युवती बोली, "कहीं आपने व्याख्यान में कहा है, महिलाओं को मुक्त नभ के निस्सीम प्रांगण में रहना चाहिए। क्या आपका यह उद्देश्य है कि वे बेचारी कभी अपने घोंसले में लौटे ही

नहीं, मुक्त नभ के निस्सीम प्रांगण में उड़ती ही रहें ?''

तेज बाबू लज्जित हो गए। कहा, ''नहीं-नहीं, मेरा यह मतलब नहीं, मैं केवल महिलाओं की मुक्ति चाहता हूँ, और आजकल उन पर जो हृदयहीन अत्याचार हो रहे हैं, उनसे बचाने के लिए जगह-जगह महिला-मन्दिरों की स्थापना की जाए, कहा था।''

''हाँ-हाँ, मैं समझी।'' युवती गम्भीर होकर बोली, ''गोशालाओं के तौर पर आप महिला-मन्दिर खोलवाना चाहते हैं, परन्तु वहाँ की आमदनी की तरह, मुमकिन, यहाँ की रकम भी महिलाओं की सेवा से पहले महिलाओं के खर्च में सर्फ हो।''

डिप्टी-कमिश्नर साहब आ गए। ''अलका, तेज बाबू से बातें हो रही हैं,'' कहकर मन-ही-मन मुस्कुराते हुए दूसरी तरफ मुड़े। बैठे लोग खड़े हो गए। मुखातिब होते हुए देखकर प्रभाकर बढ़ा।

अलका बैठी हुई प्रभाकर को एकटक देखती रही।

''कुछ खेल लें, फिर आपसे बातें करें।''

प्रभाकर कुछ न बोला। आत्मसम्मान के साथ सिर झुकाए हुए खड़ा रहा।

डिप्टी साहब ने पूछा, ''आप तो टेनिस खेलते होंगे ?''

''पहले खेलता था, अब बहुत दिनों से छूट गया है खेलना, आप लोग खेलिए।'' प्रभाकर ने आत्मसम्मान से भरी भारी विनय से कहा।

तेज बाबू इस नए युवक का खेल देखने के लिए उत्सुक हो उठे। उस मंडली में सबसे अच्छा वही खेलते थे। उन्हें स्वभावतः इच्छा हुई, इस युवक के विपक्ष में खेलकर इसे हराऊँगा, तो अलका खुश होगी। अलका को वे मन से सर्वस्व अर्पण कर चुके हैं। बदले में उसका सर्वस्व चाहते हैं। अभी अविवाहित हैं, अलका की उनके साथ शादी होने में कमिश्नर साहब की भीतर-भीतर इच्छा है क्योंकि अलका सुखी रहेगी। अब अलका को वह रोज अपने यहाँ बुलाते हैं; और कन्या के समान ही स्नेह करते हैं। तेजनारायण को कमिश्नर साहब के इस भाव का मौन अन्तःप्रेरणा द्वारा पता है।

तेज बाबू के बुलाने पर कमिश्नर साहब ने भी जोर दिया, प्रभाकर ने बहुत कहा कि बहुत दिनों से खेलने की आदत नहीं, कुछ बन न पड़ेगा। पर हराने की गरज से हाथ पकड़कर तेज बाबू बड़े

आग्रह से खींचते हुए कहने लगे, "चलिए, सिर्फ दो गेम खेल लीजिए।"

लाचार हो प्रभाकर अपने साधारण जूते उतारकर खेलने के लिए चला, और-और लोगों ने टेनिस खेलनेवाले जूते पहनकर रैकेट ले लिए। एक तरफ कमिश्नर साहब और तेज बाबू हुए और दूसरी तरफ बाबू रामकुमार और प्रभाकर।

खेल होने लगा। प्रभाकर बड़ा तेज खिलाड़ी निकला। अलका को प्रभाकर की सादगी और खेल बहुत पसन्द आया। उसकी खिंची चितवन में प्रभाकर की प्रशंसा के शब्द लिखे थे। तेज बाबू ने बड़े कायदे दिखलाए, पर हारते ही रहे। ज्ञानप्रकाश को प्रभाकर से जरूरी काम था। पोशीदा बातचीत करनी थी। इसलिए कुछ देर बाद खेल समाप्त कर दिया। तेज बाबू झेंप रहे थे। हार से बातचीत का तार कट चुका था। इसलिए युवती से उस रोज खेल की विशेषताएँ बतलाने से रहित हो, अपनी मोटर पर केवल एक अप्रतिभ विदा ग्रहण कर चल दिए।

डिप्टी-कमिश्नर साहब ने कहा, "हम जरा आपसे बातचीत करने के लिए बाहर जाते हैं, तब तक तुम लोग यहीं रहो, इच्छा हो, तो अपनी माँ के पास चली जाना। लौटकर तुम्हें भिजवा देंगे।"

अलका को ज्ञानप्रकाशजी ने स्नेहशंकरजी से कन्या-रूप माँगा था। वह निःसन्तान हैं। अलका के लिए उनके और उनकी पत्नी के हृदय में वात्सल्य-रस संचरित हो आया है, देखकर स्नेहशंकरजी ने कहा था—अलका को वह अपनी ही कन्या समझें। जब तक उसकी पढ़ाई पूरी नहीं होती, तब तक स्नेहशंकरजी का उस पर उत्तरदायित्व है। इसी स्नेह से ज्ञानप्रकाशजी रोज एक बार अलका को मोटर भेजकर बुला लिया करते हैं। पहले वह कभी-कभी आती थी। अब स्नेहशंकरजी ने स्वेच्छापूर्वक आने-जाने में उसे स्वतन्त्र कर दिया है।

"आप जाइए, मैं शान्ति को छोड़ आने के लिए जाती हूँ, यहीं तो घर है, जब तक आप लौटेंगे, लौट आऊँगी।" अलका शान्ति के साथ चल दी। रोज आने के कारण डिप्टी-कमिश्नर साहब को अपने मित्र से प्रभाकर के सम्बन्ध में बातचीत करते हुए उसने सुना था। प्रसंग मालूम करने को मन में कौतुक भरकर चली गई।

उन्नीस

डिप्टी-कमिश्नर साहब प्रभाकर को मोटर पर लेकर बाहर चले गए। एक खुले मैदान में मोटर खड़ी कर दी, और नव्वाबी के समय के एक जीर्ण प्रासाद के पाद पीठ पर बैठकर बातचीत करते हुए अपने उद्देश्य की पूर्ति में लगे।

कुछ दिनों से लखनऊ में प्रभाकर का नाम है। साधारण श्रेणी के लोग उसे ईश्वर की तरह मानते हैं। कुलियों में शिक्षा-संगठन आदि उसने जारी कर दिया है। इसलिए दो-एक फर्म के मालिकों ने उसके खिलाफ दरख्वास्तें दी हैं कि वह उनके खिलाफ कुलियों को उभारा करता है। ज्ञानप्रकाशजी यह सब दबाने के प्रयत्न में हैं।

"आप व्यर्थ अपनी जिन्दगी बरबाद कर रहे हैं। आपको बहुत अच्छी नौकरी मिल सकती है, अगर मैं सिफारिश कर दूँ, और मैं कर दूँगा, आप सिर्फ अपनी तरक्की के रास्ते आ जाइए।"

इतने आग्रह से डिप्टी-कमिश्नर साहब को अपनाते हुए देखकर प्रभाकर के होंठों पर मुस्कुराहट आ गई। पर धीरे-धीरे गम्भीर हो गया। एक लम्बी साँस छोड़ी। फिर नजर उठाकर कोई दबाव न

डालनेवाली, गान्धार, मध्यम, पंचम आदि स्वरों से आरोह-अवरोह से रहित, बिलकुल बराबर आवाज में कहा, "अच्छी नौकरी मिलने पर भी तरक्की का तो कोई भी कारण मुझे नहीं देख पड़ता।"

"क्यों ?" आँखें स्फरित, साश्चर्य डिप्टी-कमिश्नर साहब ने पूछा। उनके मुख की रेखाओं पर चाँदनी पड़ रही थी, जैसे कुछ सोचकर अपनी सदा की सुकुमार हँसी हँस रही हो, कठोर मनोभाववाले की बिगड़ी हुई सूरत अपने कोमल प्रकाश से दूसरों को प्रत्यक्ष करा रही हो।

प्रभाकर ने डिप्टी-कमिश्नर साहब के मुख की ओर नहीं देखा, केवल उनकी आवाज तौल रहा था, कहा, "नौकरी से जो रुपए मिलते हैं, वे अंक में जितने ज्यादा होते हैं, देश के आर्थिक विचार से वे दशमिक बिन्दु से उतने ही इधर होते हैं।"

ऐसा अद्भुत आर्थिक विचार आज तक डिप्टी-कमिश्नर साहब ने न सुना था। प्रभाकर का मतलब वह कुछ भी न समझ सके। आश्चर्य की बढ़ी हुई मात्रा में एक यथार्थ जिज्ञासु की तरह पूछा, "किस तरह ?"

"यह तो बहुत साधारण विचार है।" प्रभाकर बोला, "मुझे जो अर्थ मिलता है, उसकी आमदनी का कारण भी मैं देख लूँ, मेरा फर्ज है। देश का समष्टि-रूप आमदनी का हिसाब 'एक' से लगाइए। आप जानते हैं, यह संख्या उसी दिन दूसरे के साथ गई, जिस दिन देश दूसरे के हाथ गया। इस 'एक' की प्राप्ति जब तक नहीं होती, तब तक आमदनीवाला रुख भी 'एक' से उधर नहीं हो सकता। देश को अपने हाथ में रखनेवालों ने संन्यास नहीं लिया, संन्यास वास्तव में देशवालों के साथ है, जो दिया हुआ पाते हैं। दान भी कैसा कि देश के संन्यासियों को पुश्त-दर-पुश्त उसका ब्याज भी देना पड़ता है। बात यह कि देश की आमदनी से देश का खर्च नहीं चलता, इसलिए यहाँ के 'एक' को हाथ में रखनेवाले 'एक' की सहायता से दो, तीन, चार करते हुए, सम्पत्ति बढ़ाकर, माल तैयार कर, बेचकर मुनाफा लेकर भी तुष्ट नहीं होते, वही मुनाफा देश की रक्षा के लिए कर्ज देकर अचल रुपए से चल ब्याज भी वसूल करते हैं। अब शायद आप समझ गए कि किस तरह देश की आमदनी दशमिक बिन्दु से इधर है। एक बात और कहूँ, जब पाट बेचनेवाला देश पाटाम्बर

पहनेगा, तब आमदनी निस्सन्देह दाहिनी तरफ बढ़ेगी, और वैसे पाटाम्बर पहनकर पूजार्चा करने पर इष्टदेव भी भक्तों को बेवकूफ ही समझते हैं। जब तहसील रुपयों में बाँध दी गई, और पैदा हुई रकम में बराबर घट-बढ़ लगी रही, बल्कि पैदावार घटती ही रही, और बाजार तत्काल रुपयों में लगान देनेवाले किसानों के हाथ में न रहा, तब समझ लेना आसान है कि आमदनीवाला किस तरफ का पलड़ा उठा हुआ है।''

डिप्टी-कमिश्नर साहब निर्वात मरुस्थल की तरह स्तब्ध, निस्तृण-तरु शिलाखंड-जैसे शून्य-मन बैठे रहे। जैसा ज्ञान उनका अन्तःक्रियाओं से पैदा हुआ, हृदय ने वैसी ही सलाह भी दी, ''तुम सरकारी अफसर हो, तुम्हें अपना ही धर्म पालन करना चाहिए। तुम सरकार का नमक खाते हो।''

प्रभाकर के निकट इन विचारों को दूसरा ही रूप मिलता। नमकवाली उसकी व्याख्या सुनने लायक होती। पर डिप्टी-कमिश्नर साहब के मनोभाव उन्हीं तक परिमित रहे।

बनावटी सारल्य में स्वर को रँगकर प्रभाकर से उन्होंने कहा, ''देखिए, हम लोग आपके साथ नहीं, ऐसी बात नहीं; पर कोई काम एक दिन में तो होता नहीं; अभी कई सदियाँ हमें दूसरे देशवालों के मुकाबले सिर उठाने में लग जाएँगी। तब तक न आप रहेंगे, न हम। अगर कुछ भी सुख देश की स्वतन्त्रता का न भोग पाए, तो हाथ-पैर मारना वाहियात ही तो हुआ ?''

प्रभाकर फिर मुस्कुराया। कहा, ''आप बुजुर्ग हैं। मैं आपको उपदेश देनेवाली नीयत से कुछ कह नहीं रहा, केवल अपने विचार आपसे जाहिर कर रहा हूँ। जब हम अपने सामने और अपने ही लिए भोग-सुख प्राप्त करना चाहते हैं, तब स्वार्थ की ही वह बढ़ी हुई मात्रा है। देश के लिए ऐसा विचार समीचीन कदापि नहीं। भोग कोई भी करे, हमें कार्य करना चाहिए। सुख और पूरी स्वतन्त्रतावाला सुख हमें कार्य में अवश्य प्राप्त होगा, ऐसा मनोवैज्ञानिक नियम है। जब विशद भावों की जल-राशि पीछे से ढकेलती है, तब स्वच्छ तोय-तरंगों की गति में भी मुक्ति का आनन्द है, चाहे वह समुद्र से न भी मिले, या उसके कुछ सीकर ग्रीष्म से तपकर शून्य में लीन हो जाएँ। इसी सरिता की तरह जीवन की ठीक-ठीक प्रगति मुक्ति का

चिदानन्द प्राप्त होता रहता है। आप देखेंगे, संसार में अणु-अणु इसी मुक्ति की ओर अग्रसर है। यही सृष्टि का अन्तरतम रहस्य भी है। फूल कितना कोमल होता है, पर वह काठ की काया के भीतर से निकलता, कितना अँधेरा पार कर वह प्रकाश के लोक में क्षण-भर को हँसकर मुक्त होने के लिए आता है। इसी प्रकार मुक्ति के यज्ञ में भी मनुष्य अपना मन्त्र पढ़कर भाग लेकर ही रहता है। यही उसका चिरन्तन रहस्य है।''

एक बार इधर-उधर चल-दृष्टि डिप्टी-कमिश्नर साहब ने देखा, फिर मुस्कुराते हुए कहा, ''आप दिल के सच्चे हैं। मैं आपको समझाता हूँ। जिन लोगों को वकालत और दूसरे-दूसरे पेशों से नाम मिल चुका है, वे चाहते हैं, लोगों को अपने हाथ की पुतली बना रखें, और इस तरह सरकार पर रोब जमाएँ। आप उनकी बरगलानेवाली बातों में न आइए। यह देखिए कि वे क्या-क्या कर चुके हैं, और अब क्या-क्या कहते हैं। बस, आपकी आँख खुल जाएगी। जब काफी रुपया हो जाता है, तब मामूली लोगों को उभारकर बगैर दूर तक समझे और समझाए हुए, एक नई राह निकालकर जिस पर कि एक कदम उठाना भी मुश्किल हो, लोग लोगों की आँखों के तारे बनना चाहते हैं और साहबों के बराबर चलना। अगर आपको उन्हीं का रास्ता पसन्द है, तो आप उनकी पहली राह से होकर गुजर आइए, मैं तो ऐसा ही कहूँगा।''

''आप दुरुस्त फरमाते हैं। कोई नेता ऐसा नहीं, जिसके पीछे, पूँछ में, नाम की बला गोबर की तरह न लगी हो। पर मैं उनके उतने ही त्याग को देखता हूँ, जितना उन्होंने देश के लिए किया है। उनके अलावा इस देश के तथा दूसरे देश के सच्चे आदमियों को भी मैं अपना आदर्श समझता हूँ। एक सच्चा आदमी संसार-भर के लिए आदर्श है।''

''फिर मैं कहता हूँ, आदर्श को देखने से पेट नहीं भरता। सरकार ने पेटवाली जो मार हिन्दुस्तान को दी है, अभी सदियों तक लोग पेट पकड़े रहेंगे। अगर आप उन्हीं के भरोसे पर पेट पालते रहें, तो यह कौन-सी बड़ी बात हुई ? बल्कि खुद कुछ पैदा कर, उनकी झोली में डाल सकें, तो आपका यह काम बेहतर होगा।''

प्रभाकर चुप हो गया। सोचा, किसानों के साथ त्यागियों के

सहयोग से ज्ञान और अर्थ का सहयोग होता है, और इसी तरह देश की उभय प्रकार की दशा सुधर सकती है, यद्यपि अभी किसानों में कड़े पैर खड़े होने की हिम्मत नहीं हुई, न देश में त्यागियों का इधर रुख हुआ है, पर यह सब इनसे कहने से फल गया, यह अपने भाव की वह सूखी लकड़ी हैं, जो दूसरी तरफ झुक नहीं सकते या झुकाने पर टूट जाएँगे। प्रभाकर को चुपचाप देखकर कमिश्नर साहब ने सोचा कि बात चोट कर गई। रंग और गहरा कर देने के विचार से कहा, "चलिए, आज हमारे यहाँ भोजन कर लीजिए।"

रास्ते में डिप्टी-कमिश्नर साहब बोले नहीं। सोचा, चारे पर आई हुई मछली बातचीत से भड़ककर निकल जाएगी। इसलिए उपदेश की बंसी पकड़े हुए एकटक चारा खाती हुई मछली पर ध्यान लगा रखा। नहीं समझे कि कभी काँटे में न फँसनेवाली, बगल से छोटी मछली के चारा खाने के कारण तरेरा हिल रहा है। अपनी-अपनी मौन कल्पना के भीतर दोनों अपने-अपने लक्ष्य की ओर बढ़ रहे थे।

अलका सामनेवाले कमरे में बैठी, तसवीरों की एक किताब लिए हुए उलट-उलटकर अपनी पसन्द के चित्र देख रही थी। इसी समय डिप्टी-कमिश्नर साहब बँगले पहुँचे, और बैठक में प्रभाकर को बैठने के लिए कहकर खुद कुछ देर के लिए भीतर गए। बड़े गौर से अलका ने प्रभाकर को देखा। उसे जान पड़ा, आज लड़ाई में डिप्टी-कमिश्नर साहब की विजय हुई, क्योंकि प्रभाकर के मुख की प्रभा क्षीण थी। लखनऊ के राजनीतिक आकाश में इधर छह महीने से प्रभाकर खूब तप रहा है, और वह गरमी कर्मचारियों को असह्य है, यह खबर अलका को मालूम थी। प्रभाकर को अच्छी नौकरी में बाँध लेने की उद्भावना सविचार ज्ञानप्रकाश को स्नेहशंकर से मिली थी। अलका अपने पिता से यह सलाह देने के कारण नाराज हो गई थी। तब गूढ़ मर्म-वेत्ता पिता ने कहा था, "जो गिरना नहीं चाहता, उसे कोई गिरा नहीं सकता; बल्कि गिराने के प्रयत्न से उसे और बल देना होता है।"

प्रभाकर को उपदेश दिए बिना अलका से न रहा गया। पर बिना बातचीत के कुछ कैसे कहे ? प्रभाकर सिर झुकाए हुए चुपचाप बैठा था। अलका अधीर होकर स्वगत कहने लगी, "पिंजड़े में रहना

बड़ा अच्छा, चारा आप मिलता है, बेचारा तोता बाजू फटकारने की मिहनत से बच जाता है !" कहकर ग्रीवा-भंगिमा कर विषम आँखों से देखकर कुछ द्रुत दूसरे कमरे में चली गई। प्रभाकर को मतलब समझते हुए देर न लगी। इस युवती कुमारी के प्रति उसकी दृष्टि सम्मान के भाव से झुक गई, यद्यपि तब भी वह प्रभाकर ही था।

इसी समय डिप्टी-कमिश्नर साहब भी आए। अलका न थी। एक बार इधर-उधर देखकर बैठ गए। सामने की गोल मेज पर प्रभाकर के लिए भोजन का प्रबन्ध किया जाने लगा।

प्रभाकर भोजन कर रहा था, डिप्टी-कमिश्नर साहब एक दृष्टि अद्‌भुत मनुष्य को सकौतुक देख रहे थे, और उसे फाँस लाने के सुख में लीन थे।

"आप ग्रेजुएट अवश्य होंगे ?" डिप्टी-कमिश्नर साहब ने पूछा।

"जी, हाँ," प्रभाकर ने उत्तर दिया।

"माफ कीजिएगा, आपके नाम के साथ संवाद-पत्रों में आपकी डिग्री नहीं छपती, इसलिए पूछा।"

प्रभाकर कुछ न बोला। इस पर कोई प्रश्नोत्तर हो भी नहीं सकते थे। प्रभाकर सोच रहा था, अब बहुत जल्द जेलखाने की नौबत आ रही है।

भोजन समाप्त कर चुका। हाथ-मुँह नौकर ने धुला दिए। पान खाकर डिप्टी-कमिश्नर साहब से विदा होने लगा। स्वभावतः डिप्टी-कमिश्नर साहब ने पूछा, "तो अब क्या विचार है ?"

"कल कुलियों की हड़ताल का फैसला देखना है कि मालिक लोग क्या करते हैं," कहकर एक छोटा-सा नमस्कार कर बाहर चला गया। फाटक के पास तक गया, तो पीछे से कोमल स्त्री-कंठ की पुकार सुन पड़ी, 'ठहरिएगा जरा।"

अलका तेज कदम प्रसन्न बढ़ती आ रही है। आती हुई बोली, "मैं आपके विचारों से सहमत हूँ, आपको बधाई देती हूँ।"

"आपकी कृपा," कहकर सविनय सिर झुकाकर प्रभाकर बढ़ने को हुआ कि अलका ने उत्कंठा से कहा, "आप 'स्नेहभवन', ऐवट रोड, अवश्य आइएगा। और आपका पता ?"

प्रभाकर ने पता बतला दिया।

बीस

अजित ने अपने मित्रों में ब्रजकिशोर को परिचित कर दिया। बहुत-से उनमें व्यवसायी थे। उन्होंने बाजार में ब्रजकिशोर को दलाली चलवा देने का वचन दिया, और पूरा भरोसा भी कि दो-तीन आदमियों के गुजर को वह महीने-भर में कमा लिया करेगा। वहीं अजित को मालूम हुआ कि कई बार उसके यहाँ से खोजने के लिए कानपुर लोग आ चुके, एकाएक उसके पिता को लकवा मार गया है। अजित के चित्त की स्थिति इस संवाद से चिन्ताजनक हो गई। वह अब के लौटकर वीणा को आपदों से मुक्त देख सुखी होकर, दूने उत्साह से शोभा की तलाश तथा तअल्लुकेदार साहब का मुकाबला करना चाहता था। पर लाचार हो गया। ब्रजकिशोर तथा वीणा से पिता की बीमारी का हाल कहकर घर जाने के लिए विदा माँगी। वीणा मौन, पलकें झुकाए खड़ी रही, हृदय से बार-बार मिलते रहने की प्रार्थना कर रही थी। ब्रजकिशोर ने घर तथा पिताजी के समाचार भेजते रहने का अनुरोध किया। अजित ने भी आश्वासन दिया कि वह उनकी ओर सविशेष ध्यान रखेगा।

घर जाने पर अजित को संसार के प्रेम का एक शिक्षाप्रद रहस्यमय दृश्य दिखलाई पड़ा। उसके पिता धनी थे, इसलिए कुटुम्बवाले स्वयंसेवक चारों ओर से टूट पड़े, और बड़े आग्रह से सेवा करने लगे। अजित की माता इसी संसार की यथेष्ट अनुभव रखनेवाली महिला थीं। उन्हें समझने में देर न हुई कि अजित के चाल-चलन से नाराज उसे परित्याग करनेवाले उसके पिता की इतनी सेवा क्यों हो रही है। हर स्वयंसेवक एक ही उद्देश्य लेकर घर से चला था। यहाँ ऐसे बहुत-से एक ही भाववाले एकत्र हो गए, तब सेवा में सुविधा के स्थान पर असुविधा होने लगी। अजित की माता ने पति को सेवकों का मर्म समझाकर अजित को बुलाने की आज्ञा माँगी। रोग-ग्रस्त पिता को भी अन्तिम बार के लिए पुत्र को स्नेहाशीर्वाद दे जाने की इच्छा हुई, और अजित को बुलाने की उन्होंने आज्ञा दे दी। पहले कई बार वह कानपुर में नहीं मिला। उद्देश्य से असफल हो जब-जब आदमी लौटे, कुटुम्ब के लोगों ने तब-तब उसके सम्बन्ध में अद्भुत-अद्भुत खबरें उसके पिता को सुनाईं—किसी ने कहीं अखबार में पढ़ा था कि 'वह बंगाल के बागियों में मिला है, और जो इधर यहाँ डकैती हो गई है, उसमें एक मुखबिर बन गया है, और उसने अजित का भी नाम लिया है।' किसी ने कहा, 'तब से अजित चम्बल के किनारे खोहों में पड़ा रहता है—एक बदमाश वहाँ से छूटकर आया है, वह बतलाता था।' किसी ने कहा, 'पुलिस तीन बार उस पर हमला कर चुकी, पर वह पकड़ में न आया, दोनों हाथ दनादन गोलियाँ चलाता हुआ निकल गया,' आदि-आदि।

इससे पिता की व्याधि में कैसी सेवा हुई, सहज ही अनुमेय है। माता ने निकालने की कोशिश की, पर असफल हुईं। सब निकट-सम्बन्धी थे। कुछ लोगों ने खुलकर यह भी कह दिया कि 'हमारा घर है, आपको तो सिर्फ भोजन-वस्त्र पर अधिकार है।' माता रोकर आँसू पोंछ लेती थीं। पुत्र का संवाद बिलकुल झूठ है, ऐसा वह नहीं सोच सकती थीं, जबकि उसके ऐसे ही चरित्र का एक प्रमाण उन्हें मिल चुका था। जब स्वयंसेवक लोग रोगी के शीघ्र मरने की प्रतीक्षा में थे, और माता डरी हुई गृह-स्वामी की सतर्क सेवा में, उसी समय अजित ने दरवाजे पर 'अम्माँ-अम्माँ' कहकर आवाज दी।

माता ने पुत्र को दुखी हृदय से लगा लिया, और विपत्ति की कथा एकान्त में ले जाकर सुनाई। दूसरे दिन से स्वयंसेवक मकान खाली कर-कर अपना रास्ता पकड़ने लगे। इतना एहसान अजित पर रखते गए कि उसके पिता की सेवा के लिए कोई नहीं था, अपना बनता काम बिगाड़कर वे आए थे।

बहुत दिनों तक, पूरे दो वर्ष अजित को पिता की सेवा करनी पड़ी। अच्छे-अच्छे डॉक्टर बुलाकर उसने इलाज कराया, पर कोई फल न हुआ। धीरे-धीरे उनका स्वास्थ्य टूटता गया। बहुत पहले ही देहान्त हो चुका होता, अजित की तन्मय सेवा के कारण इतने दिन झेलते रहे। क्षीण से क्षीणतर होती हुई एक दिन सदा के लिए साँस रुक गई। यथारीति अजित ने क्रियाकर्म किया।

पिता की बीमारी के समय दवा के लिए अजित को प्रायः कुछ-कुछ रोज बाद कानपुर जाना पड़ता, वीणा से मिलने को प्राण व्याकुल, उद्ग्रीव रहते थे। रोगी की सेवा से थका अजित वीणा से मिलने पर पूर्ण स्वास्थ्य का अनुभव करता, जैसे प्राणों के अन्तःप्रदेश से एक नई विद्युत स्फुरित होकर नस-नस को शक्त, तेज कर देती हो, फिर दूने उत्साह से सेवा करने को तत्पर हो जाता। स्टेशन पर उतरकर जीवन की हवा पर उड़ती हुई वीणा के हाथ की पतंग की तरह अपूर्व प्रेम से खिंचता हुआ सीधे उसी के घर जाता; ब्रजकिशोर बाजार चला गया होता था, अकेली वीणा उच्छ्वसित हो, हँसती आँखों द्वार खोलकर स्वागत करती, घर का हाल पूछती, और पलँग पर बैठाल खुद पास जमीन पर बैठकर उसके प्रश्नों की सहृदय झंकार से मधुर-मधुर बजती रहती। दोनों एक साथ हँसते, एक बात पर रो देते। अजित को मालूम हो चला, वीणा उसी की, उसी के हाथ की है, वीणा का हृदय कहने लगा—वह अजित के साथ की, उसी के स्वर से ठीक-ठीक मिली हुई है। अजित चला जाता, भाई के आने पर वीणा अजित के आने की खबर देती, उसके घर के समाचार कहती। ब्रजकिशोर को भी मालूम होने लगा, दोनों एक-दूसरे को प्यार करते हैं। नवीन उसके जैसे खयालात बँध रहे थे, नई रोशनी उसे मिल चुकी थी, उसमें दो खिले फूलों का गले-गले मिलकर, एक ही हवा में, एक ही डाल पर झूलते रहना वह देखना चाहता था। उसे विश्वास था, इस रोशनी से खुला हुआ अजित

अपने पासवाली दूसरी कली को भी एक ही प्रकाश दिखा चुका है। इसलिए कभी कुछ कहकर उसने बहन का चित्त नहीं दुखाया।

एक रोज, पिता के स्वर्गवास के पश्चात्, अपने पथ के पूरे निश्चय से अजित वीणा के यहाँ गया। वीणा उसी के ध्यान में तन्मय थी।

''तुमसे एक बात पूछूँ ?'' आसन ग्रहण कर अजित ने प्रश्न किया।

सरल आग्रह से वीणा प्रश्न सुनने को एकटक देखती रही।

''मैं तुमसे विवाह करना चाहता हूँ, और आज तुम्हारे भैयाजी के सामने प्रस्ताव रखूँगा।''

वीणा खिलकर लज्जा से जमीन की तरफ देखने लगी।

''क्या तुम्हारी सम्मति मैं जान सकता हूँ ?''

वीणा ने धीरे से सिर हिला दिया।

अजित ने हाथ पकड़कर उठाया। वीणा खड़ी हो गई। अजित की आँखों में विश्वास की दृष्टि से देखती रही।

उसके हाथ अपने हाथों में लिए हुए अजित ने पूछा, ''अगर तुम्हारे भैयाजी ने आज्ञा न दी, तो क्या मैं आशा करूँ कि तुम मेरे साथ चलने को तैयार हो ?''

''भैयाजी आज्ञा दे देंगे,'' वीणा धीरे स्वर, आँखें झुकाकर बोली।

''वीणा !'' प्रिया की आत्मा तक पहुँचकर अजित ने कहा, ''ईश्वर और तुम्हारी आत्मा को साक्षी मानकर मैंने एक हाथ से नहीं, दोनों हाथों तुम्हारे दोनों हाथ पकड़े हैं, क्या इससे बड़े दूसरे विवाह पर भी तुम्हें विश्वास है ?''

''मैं केवल आपको जानती हूँ।''

''अभी कुछ दिनों के लिए मैं देहात जाता हूँ। तुम मेरे और विजय के बीच की सब बातें सुन चुकी हो। साल-भर से अधिक हुआ, मुझे उसका संवाद नहीं मिल रहा। उसका पता मालूम करने जाता हूँ। शोभा अब शायद न मिलेगी। मैंने वहाँ उसे बहुत खोजा है। तुम सुन चुकी हो, पर वह जैसे पर मारकर कहीं उड़ गई।''

दोनों कुछ देर तक चिन्ता में मौन खड़े रहे।

अजित ने कहा, ''अब एक इच्छा पूरी कर लेनी है। जिसने

तुम्हारी एक अज्ञात बहन को संसार से लुप्त कर दिया, तुम्हें भी नीच दृष्टि से देखा, जो न जाने कितनी स्त्रियों की आबरू ले चुका है, उस मुरलीधर को अबके मैं देखना चाहता हूँ। मेरे साथ तुम्हारे रहने की जरूरत हुई, तो तुम्हें चलना स्वीकार होगा ?''

वीणा ने अबके भी धीरे-से सिर हिला दिया।

उसके दोनों हाथ अजित ने हृदय से लगा लिए। मुस्कुराकर कहा, ''लेकिन तुम्हें यह वेश बदलना होगा।''

लजाकर सिर झुका वीणा हँसने लगी।

उज्ज्वल सौन्दर्य का यह लावण्य भार एक बार, दो बार, अनेक बार देखकर, देखने की न-भरी आशा भरकर अजित वीणा से बिदा हुआ।

इक्कीस

अजित विजय की खोज में गाँव पहुँचा। उसके आने की खबर से गाँव में हलचल मच गई। पहलेवाले स्वागत से इस स्वागत में फर्क था। तब लोगों की समझ में केवल स्वार्थ की सिद्धि सुराज का मूल मतलब था, अब वह भाव बदलकर स्वार्थ का बलिदान बन गया था। विजय को जेल होने के बाद लोगों की हृदयवाली आँखें खुलीं, उनके सामने स्वार्थ-त्याग का सच्चा दृश्य आया, तब तक वैसे चरित्र की—जो निर्दोष होकर तमाम दोषों को मौन नत दृष्टि से क्षमा कर, फिर जगकर अपने भीतर के अँधेरे को दूर करने के लिए प्रयत्न पर होने को आत्मा में प्रोत्साहन देता हुआ कारावास वरण कर लेता है—गाँववालों में कल्पना करने की भी शक्ति न थी। बुधुआ तथा और-और लोग उसके विरुद्ध गवाही देकर जब लौटे, तब जमींदार तथा गाँववालों की तरफ लज्जा से देख भी न सके; न जाने कहाँ के प्रायश्चित्त का भार उनके सिर पर लद गया; सब सोचने लगे, यदि हमें सजा हो जाती...कौन-से पाप हमारे पहले के थे, जो हम सजा के नाम से इतने घबराए कि हमें ईश्वर के न्याय का भी ध्यान न

रहा, और अपने एक सच्चे हितकारी, देवता-जैसे मनुष्य, महात्मा के खिलाफ गवाही दे आए।

केवल इस पश्चात्ताप से ही इति न हुई। अपनी अक्ल के रस्से से हर गाँव के जमींदार बोझ की तरह कसकर सबको बाँधने लगे। जितना रुपया बाकी था, ब्याज और दर-ब्याज समेत, बुरे तरीके से वसूल करने लगे। पुलिस उनके साथ थी। अदालत में उनकी बही चित्रगुप्त का खाता था, जिसमें अन्याय कभी लिखा नहीं जा सकता था, फिर सब असामियों के उस लिखी रकम के नीचे निशान अँगूठा लगा हुआ था। 10 की जगह 25 लिखा है, इसकी जाँच की असामियों को तमीज न थी। डिगरियाँ हुईं। माल नीलाम किया गया। हली, भूसा आदि रकम-सिवा तिगुनी ली गई। किसान हैरान हो गए। जब मुसीबत-दर-मुसीबतें टूटने लगीं, कोई उपाय बचने का न रहा, और सबने देखा कि जब जरूरत पड़ती है, बैल की तरह जमींदार के हल में नह दिए जाते हैं, तब लोगों की समझ में आया—जेल जाना इससे बहुत अच्छा था; सोचा, स्वामीजी ने जो अदालत तक गिरफ्तार होकर जाने की सलाह दी थी, बहुत ठीक थी, मुमकिन, हाकिम हमारी दशा पर ध्यान देता।

विजय से सहयोग करनेवाले जितने आदमी आसपास के गाँवों में मुख्य थे, सब-के-सब परेशान कर दिए गए। अब आगे कभी सिर उठाने की हिम्मत न रहे, इस सूत्र को प्रचलित प्रथा के अनुसार लड़के कुछ पढ़ गए थे। चिट्ठी लिखने की तमीज रखनेवाले वहाँ के हर गाँव में किसानों के कुछ-कुछ लड़के तैयार हो चुके थे। वे खेतों, ऊसरों और बागों में काम करते, ढोर चराते और खेलते हुए बड़ी सहानुभूति से अपने मित्रों से मिलकर स्वामीजी की याद करते। जेल होने के साल-भर तक वे लोग स्वामीजी के लिए दिन गिनते रहे। वह कहाँ, किस जेल में हैं, किसी को पता न था। पता लगाया जा सकता है, मालूम न था। स्वामीजी की आशा में एक साल पूरा हो गया। जब वह एक महीने, दो महीने, तीन-चार महीने, कई महीने तक न आए, तब बालक उदास हो, हताश हो, एक-दूसरे से कहने लगे, ''अब स्वामीजी हमारे यहाँ न आएँगे !''

बीरन पासी भी इस समय जेल में है। कृपानाथ ने शराब बनाते हुए उसे पकड़वा दिया है। जो मास्टर लोग पढ़ाते थे, वे भी अब तक

नहीं लौटे। कोई कानपुर में खोंचा लगाता है, कोई कलकत्ते में बनियान और रूमालों की फेरी करता है, कोई किसी ऑफिस में चिट्ठीरसा हो गया है।

अजित को सब हाल मालूम हुए। विजय को सजा हो गई थी, इसीलिए उसके स्वामीजी के नामवाले पत्र वापस हो जाते थे। अब वह छूट चुका होगा, पर मालूम नहीं, कहाँ है। सम्भव है, उसे ढूँढ़कर, न पाकर, कोई दूसरा रास्ता पकड़ा हो। गाँववालों की हालत तथा विजय पर विचार करते हुए रात-भर उसकी आँख न लगी। स्वामीजी के मित्र आए हैं, सुनकर गाँव के लड़कों ने आकर घेर लिया, और अपने स्वामीजी से फिर मिलने के लिए अबाध आग्रह करने लगे, मिला देने की बार-बार प्रार्थना करने लगे। विश्वास देते रहे कि अब वे स्वामीजी को पूरा साथ देंगे, क्योंकि अब वे निरे बच्चे नहीं हैं; अपने हाथ हल जोत लिया करते हैं, और स्वामीजी जहाँ कहेंगे, वे उनके साथ चलने को तैयार हैं।

बड़े कष्ट से आँसुओं को रोके हुए अजित सुनता रहा। अजित जहाँ था, वहीं खुली जमीन पर लड़के भी लेट गए। अजित ने घर जाकर सोने के लिए कहा, तो लड़कों ने जवाब दिया कि आमों के वक्त वे रात-रातभर कुएँ की पैड़ी पर पड़े रहते थे।

सुबह को अजित चलने लगा, तब गाँव के लड़के रोने लगे। लोगों के रूखे कपोलों से आँसुओं की धारा बह चली। लोगों ने कहा, "महाराज, हम लोग मूरख हैं, गँवार हैं, हमने अपने स्वार्थ का विचार किया, ऐसे महात्मा को सजा करा दी; पर वह मिलें, तो हम लोगों की करजोड़ दंडवत् कहिएगा, और कहिएगा कि मूर्खों को माफ कर आप ही उन्हें राह सुझा सकते हैं, आप अपनी दवा दिखाने से मुँह न फेरें, नहीं तो उन मरे हुओं का कोई भी सहारा न रहेगा !" लोग अपनी-अपनी बात, खास तौर से बुधुआ आदि गवाह जो थे, कहते जाते थे; और रोते जाते थे।

सामने खलियान मिला। पटवारी लाला मातेश्वरीप्रसाद बैठे हुए पैदावार लिख रहे थे। जमींदार के सिपाही भी थे। लोग नहीं डरे। बुधुआ ने कहा, "अब हम तुरुक से भुरुक न बनेंगे, बिगड़ चुका, जहाँ तक हमें बिगड़ना था।"

एक लड़के ने कहा, "वह गृद्धराज देख रहे हैं।"

लड़के पटवारी को गृद्धराज कहते हैं।

दूसरे लड़के ने कहा, "रघुआ की पाटी में तीन मन कुल गेहूँ हुआ है, जिसके तेरह मन इसने बीघे-भर के लिखे हैं, कल खड़ा-खड़ा मैं देख रहा था।"

गाँव के किनारे शून्य साँस भरकर अजित को लोगों ने विदा किया। अजित ने विश्वास दिया, अगर जल्द स्वामीजी का पता वह न लगा सका, तो खुद आकर उनका छोड़ा हुआ काम सँभालेगा।

तीन साल हुए, राधा के गाँव में खबर फैली, जो महात्माजी पहले आए थे, वह फिर आए हैं। तीन ही साल में उस गाँव में भी एक युग बदल चुका था। स्वामीजी के भक्तों में बहुत-से स्वर्ग सिधार चुके थे, जो पुराने बड़े-बूढ़े थे। नवीनों में, सनातन-धर्म पर, बहुत-सी घटनाओं के कारण, विश्वास सुदृढ़ हो रहा था। नई सुनी घटनाओं में पुत्रवाली कई थीं, जो स्वामीजी के प्रसाद के कारण फलवती हुईं, ऐसी प्रसिद्धि पा चुकी थीं। स्त्रियाँ कहती थीं, भभूत देने को क्षण-भर भी पूरा नहीं हुआ कि बच्चा पेट में आया। ऐसी बच्चेवाली ज्यादातर वे ही थीं, जिनके सोलहवें साल लड़का न होने पर घरवाले बाँझ कहने लगे थे, और जिनके पतिदेव तब तक चौदहवाँ साल पार कर रहे थे, और सहवास, घरवालों की पवित्र धर्म-रुचि की ताड़ना से, रोज करना पड़ता था। अस्तु, स्वामीजी की उस गाँव में कहाँ तक इज्जत हो सकती थी, आप स्वयं अन्दाजा लगा लीजिए। उनकी प्रसिद्धि उस समय केवल उसी गाँव की दिशाओं में न बँधी थी। स्त्रियों के व्यक्तिगत व्यवहार ने, स्त्रियों के ही प्रमुख, नजदीक-नजदीक करीब सभी गाँवों में विकीर्ण कर दी थी।

सेवा के उद्योग में झुके हुए लोगों में वार्त्तालाप करते-करते अजित के होंठ जल गए। प्राणों में उस आग की लपटें उठने लगीं, जो अपने प्रकाश में इस भारतीयता के कुबड़े रूप को देखती हैं। अनिच्छापूर्वक दूसरों की इच्छा से सहयोग करनेवाले स्वामीजी अबके प्रभाव डालनेवाले पहले रूप में न थे, थे प्रभावितों की श्रद्धा की बिगड़ी हुई सूरत देखनेवाले रूप में।

एक मेला लग गया। शाम को स्त्रियों का झुंड उमड़ा। पूर्ववत् भभूत देना बराबर जारी रहा। सन्ध्या पार हो गई। एक पहर रात

बीती, धीरे-धीरे दर्शक और प्रार्थियों का आना-जाना बन्द पड़ा। डेढ़ पहर तक बिलकुल बन्द हो गया। एक चित्त से स्वामीजी राधा को ध्यान कर रहे थे। इतने आदमी आए-गए, इनमें अपना एक न था, वे सब अपने थे। एक राधा थी, जो दूसरों के लिए होकर सबकी थी, इसलिए महात्मा का सुन्दर अर्थ से निकटतम सम्बन्ध था।

पहली ही तरह, वैसी ही काली मूर्ति फिर मुस्कुराती हुई स्वामीजी के सामने खड़ी हो गई। उसकी भी गोद में एक बच्चा था। स्त्रियों के बाजार में स्वामीजी की इज्जत बढ़ा रखने की नीयत से, स्वामीजी की ही भभूत से बच्चा हुआ, इस प्रकार की वह भी वहाँ की स्त्रियों में एक मुख्य नायिका थी।

माँ ने पहले अपने बच्चे का सिर स्वामीजी के पैरों पर रखा—काला-काला, तगड़ा-तगड़ा, सुन्दर बच्चा देखकर स्वामीजी ने गोद में उठा लिया—तब खुद प्रणाम किया।

बच्चे को माँ की गोद में देकर संक्षेप में, अपनी विपत्ति की कथा, विजय का कैद होना, अब तक छूटने की सम्भावना आदि स्वामीजी सुना गए। राधा विस्मय, दुःख और सहानुभूति से, कभी रोकर, कभी ढाढ़स बँधाती हुई सुनती रही। फिर उसका और वहाँ का हाल स्वामीजी ने पूछा। राधा ने कहा, जब वह गए, उसके कुछ ही दिनों बाद वह भी कानपुर चली गई थी, तब से कई बार आ चुकी थी और उनकी राह देख चुकी थी, अबके बच्चे का यहीं मुंडन करवाने के विचार से आई है। गाँव के महादेव जिलेदार को सदर बुलावा आया था, इसलिए गया हुआ है। वहाँ से कहीं भेज दिया गया है, कब लौटेगा, क्या बात है, वह नहीं जानती। पर इतना वह कह सकती है कि कहीं कुछ दाल में काला है, तभी उसने कई रोज से मुँह नहीं दिखाया। यहाँ उसकी और मालिक की काफी बदनामी फैल चुकी है। अब सब लोग जान गए हैं। राधा ने यह भी कहा कि मालिक अब राजा हो गए हैं। अजित ने पूछा, राधा कब तक यहाँ रहेगी और कानपुर कब जाएगी, और कानपुर में कहाँ, किस मुहल्ले में वह रहती है, उसका क्या पता है। राधा ने बतलाया, अजित ने एक कागज पर लिख लिया। फिर पूछा, गाँव के मालिक इस वक्त कहाँ हैं ? राधा ने कहा, वह नहीं कह सकती; पर उनकी 'लखनऊ और सदर', 'लखनऊ और सदर' यही रफ्तार रहती है।

मिलकर खूब बातें कर लड़के से दंडवत् करा, खुद चरण छूकर, फिर मिलने की अपनी आशा की याद दिला, राधा अजित से विदा हुई।

मुरलीधर का इस समयवाला पक्का पता मालूम कर अजित कानपुर आया। वीणा के घर आ कई रोज की थकावट दूर करने के लिए स्नान-भोजन कर आराम करने लगा। ब्रजकिशोर अपने काम पर गया था। द्वार बन्द कर वीणा पंखा लेकर बैठी। अजित पंखे की हवा में सो गया।

जब जागा, तब ब्रजकिशोर आ चुका था। उठकर, वीणा से चाय बनवाकर, पीकर, ब्रजकिशोर के साथ बाहर बातचीत करने के लिए बगीचे की तरफ ले गया और वहाँ निश्चित एकान्त में वीणा के साथ अपने विवाह की आज्ञा माँगी, और शीघ्र एक ऐसे ही विवाह के लिए तैयार होने को कहा। ब्रजकिशोर लजाकर बोला, ‘‘इसके लिए मेरी राय की क्या जरूरत थी, आप स्वयं उससे विवाह कर सकते थे, और इससे बड़ा सौभाग्य वीणा का क्या होगा ?’’

निश्चय के अनुसार, अजित वीणा को साथ लखनऊ ले आ, कुछ दिनों तक होटल में, फिर मुरलीधर के निवास-स्थल के करीब एक अच्छा-सा खाली मकान किराए पर लेकर रहने लगा। यहाँ वीणा का नाम शान्ति बदल दिया। कुछ ही समय में अनेक लोगों से पहचान कर ली। स्नेहशंकर की तारीफ शोभा को खोजते हुए पहले सुन चुका था। देखा, उसके मकान से स्नेहशंकर की कोठी भी नजदीक पड़ती है। देखा, मुरलीधर एक किराए की कोठी में रहते हैं, और स्नेहशंकर के यहाँ एक सुन्दर कुमारी भी है।

बाईस

कुछ दिनों से राजा मुरलीधर पं. स्नेहशंकरजी की बगल में एक किराए की कोठी लेकर रहते हैं। जिस उर्वशी को पहले एक दिन थिएटर-हॉल में उन्होंने देखा था, उसे पाने की आशा से सरकारी अफसरों के असुर और देवताओं को एकत्र कर समुद्र-मन्थन शुरू कर दिया। पर असुरों की तरह रज्जुरूप शेष के फणों की ओर नहीं पकड़ा। सोचते थे, नाराज होकर शेषजी ने कहीं चोट की, तो उर्वशी के उठने से पहले मैं ही उठ जाऊँगा। अतः बराबर पूँछ की ओर पकड़ने का ध्यान रखते थे। पर एक गलती उन्होंने की। केवल रत्न-प्रभा की आशा रखी, जहर के उठाने की सोची ही नहीं।

स्नेहशंकरजी के मकान के दो-तीन इकमंजिले मकानों के बाद राजा साहब की कोठी है। यहाँ-वहाँ के दूसरी मंजिलवाले मजे में दृष्टि द्वारा आदान-प्रदान कर सकते हैं। राजा साहब के पड़ोस में आने पर स्नेहशंकरजी को मतलब मालूम हो गया। उन्होंने एक दिन अलका को पास बुलाया और स्नेह से कहने लगे, "वह जो कोठी है, उसमें मुरलीधर अब आकर टिके हैं। यह उनका मकान नहीं है।

यह वही मुरलीधर हैं, जिनके कारण तुम्हें घर छोड़कर एक दिन निकलना पड़ा था। इनका मतलब यहाँ आने का अच्छा अवश्य नहीं, और हो-न-हो लक्ष्य तुम्हीं हो।"

अलका अब वह अलका नहीं। यद्यपि अभी उसे कुछ दिन पिता के पास और पढ़ना है, पर उसे अपने विचारों पर निश्चय होने लगा है, और पिता भी घूमने-फिरने और मिलने-जुलने में पहले से उसे अधिक स्वातन्त्र्य दे चले हैं।

"जैसा आप कहें, करूँ," नम्र-निश्चल पलकों से पिता को देखकर पूछा।

"सिर्फ, कुछ सावधान घूमने-फिरने के समय रहना, और इसके मर्ज की दवा कोई कर ही देगा।"

"किसी दूसरे का भरोसा रखना कमजोरी है। जो ऐसे-ऐसे पापों को हाथ बढ़ाते हुए संकोच नहीं करता, पिता, किसी भी समझदार को चाहिए कि उसके हाथ उसी समय काट ले।"

"तुम अधीर होती हो। अपने पापों का फल तत्काल नहीं समझ में आता। उसका जहर अवस्था की तरह ठीक अपने समय पर चढ़ता है। तुम जानती हो, संस्कारों के कारण शरीर का अस्तित्व है। नवीन संस्कारों का शरीर बाल्य और शैशव में बीजरूप जब तक रहता है, उसका यथार्थ जीवन समझ में नहीं आता। पर वे बुरी भावनाओं के पुंजीकृत संस्कार यौवन की पूर्णता में बदलकर प्रत्यक्ष होते ही, गेंद की तरह, मनुष्यों के पद-पद की ठोकरें खाते हैं, उन संस्कारों के उस मनुष्य को ठोकर मारकर ही दूसरे सुखी होते और अपना उत्तरदायित्व निभाते हैं—बिना मारे रह नहीं सकते—न मारें, तो जीवन के खेल में गोल खाकर हार जाएँ।"

"परन्तु..."

"परन्तु कुछ नहीं, तुम केवल अपनी रक्षा करती रहो, दूसरे पर प्रहार करो, ऐसा अधिकार तुम्हें नहीं अलका ! स्पर्धा करो, ऐसा भी नहीं। उसके दौरात्म्य की चोट सहकर, उसे क्षमा कर, तुम अधिक शक्ति धारण कर रही हो। इसलिए वही तुम्हारे चारों ओर चक्कर खा रहा है। यदि अब उसी के किसी ताड़ित केन्द्र से पृथ्वी की तरह सक्षम होने की रस्सा-कसी करो, तो तुम्हारे ही हृदय के किसी सत्य-हार का सूत्र इस संघर्ष से टूटेगा।"

"मगर ऐसा होना भी तो प्राकृतिक सत्य है पिता !"

"है। इसीलिए मैं प्रकृति से कहता हूँ, अपने सत्य की रक्षा करो, वह तुम्हारे हृदय से अपना महत्त्व लेकर निकल न जाए।"

अलका नीरज-नेत्रों से पिता के ज्ञानोज्ज्वल उत्पल पलक देखती रही।

"अच्छा, जाओ, तुम्हें सावधान कर देने के लिए बुलाया था," कहकर स्नेहशंकर एक पुस्तक देखने लगे।

अलका अपने कक्ष में चली गयी। वहाँ से वह कोठी साफ देख पड़ती है।

एक दिन अलका ने एक आदमी को उसी मकान से बड़े गौर से देखते हुए देखा। अनुमान से निश्चय किया कि वह मुरलीधर ही होगा। संयत हो अपने पलँग पर बैठ गई। खिड़की खुली रही। मुरलीधर घंटों तक उस सौन्दर्य की शोभा को देखते रहे। अलका सावित्री की लिखी हाल ही की प्रकाशित 'पत्रिका' नामक की उपन्यास-पुस्तिका, जो उसी रोज मिली थी, पढ़ रही थी। पुस्तक की असमाप्त कथा अलका को बहुत पसन्द आई। जब आँख उठाकर देखा, वह मनुष्य उसे देख रहा था।

अलका उसकी दृष्टि के ताप से ऐसी जली कि उस दिन से आँचल-बाल आदि का जान-बूझकर सँभाल न रखने लगी। फिर उस तरफ जहाँ तक हो सका, ज्ञानपूर्वक नहीं देखा।

इसी के कुछ दिन बाद एक नए परिवार से अलका की घनिष्ठता बढ़ने लगी। अजित और उसकी स्त्री शान्ति एक दिन पं. स्नेहशंकरजी से मिलने आए। बातचीत से स्नेहशंकरजी बहुत खुश हुए। अजित ने अपना नाम, ग्राम सब ठीक-ठीक बतलाया, सिर्फ मुरलीधर की मुरली छीनकर बेसुरे राग की सजा देनेवाला मतलब छिपा रखा।

शान्ति कभी-कभी अलका के पास जाने लगी। दोनों के सखित्व की शाखा में स्नेह के वसंत-पल्लव फूटने लगे।

तेईस

प्रभाकर को देखने के बाद अलका के हृदय-पुष्प की अक्षय सुरभि मन के मारुत-झकोरों से पुनः-पुनः उसी ओर बहने लगी। अलका इस सुखकर प्रवाह में स्वयं बह जाएगी, ऐसी कल्पना न कर सकी। वह अपने सूक्ष्म तत्त्व में सुरभि के सिवा और कुछ नहीं, यह वह जानती है, पिता के पास ऐसे सिद्धान्तों की पुनः-पुनः आवृत्ति सुन चुकी है, साथ ही वह कह चुके हैं, यथार्थ प्यार जीवों को देने पर वृत्तियों का खिंचाव नहीं रहता, तभी स्वतन्त्र रूप से दूसरों को प्यार किया जा सकता है, स्वार्थ लेशमात्र में रहते ऐसा सम्भव नहीं। अलका के हृदय को विश्वास है, वह किसी प्रलोभन या स्वार्थ से प्रभाकर की ओर नहीं खिंच रही। वह उससे कुछ भी नहीं चाहती। वह एक सच्चा युवक है, वीर है, त्यागी है, इसीलिए उससे मिलकर बातचीत करने, उसकी बातचीत सुनने को जी चाहता है। पंकिल प्रेम से मनुष्य की आकृति कैसी बन जाती है, वह तेज बाबू में अच्छी तरह दीख पड़ती है। पड़ोस में भीं एक उदाहरण है। ये लोग प्राणों तक पहुँचकर नहीं, किसी स्वार्थ का परिणाम सोचकर, मतलब

गाँठकर चाहते हैं, इसीलिए इनकी चाह चर्मचक्षुओं की पहुँच तक परिमित और चर्म-देह के सौन्दर्य तक सीमित है। पर प्रभाकर ने तो अच्छी तरह उसे देखा भी नहीं, आँखें झुकाए हुए आँखों के दर्शन को पहले ही दृष्टि के तत्त्व से बेदखल कर चुका है। चुपचाप अपनी आत्मा से मानकर, और समझदार को मनाकर चला गया। क्या अलका ऐसी ही समझदार नहीं ? वह जरूर है, उसके प्राणों से आवाज आई।

हाय ! इतने तत्त्वों के मार्जित ज्ञान के भीतर, इतनी पति-तपस्या के कारण का क्या यही कार्य है कि एक अपरिचित तपस्वी सबसे प्रिय वस्तु छीनकर चला जाए, और लुटी हुई को किसी तरह भी समझ में न आए कि यह उसी की दुर्बलता का प्रबल प्रमाण है ?

दूसरे दिन पिता से अलका ने प्रभाकर की बातचीत में प्रशंसा कर कहा कि ऐसा एकनिष्ठ एक भी मनुष्य उसने बाहरी दुनिया में नहीं देखा और आज वह उसके डेरे पर उससे मिलने जाएगी, पिता आज्ञा दें। स्नेहशंकर ने आज्ञा दे दी।

अलका ताँगा बुलवाकर चल दी। स्नेहशंकर मुस्कुराए—साम्य भाव की इच्छा और उसकी पूर्ति जीवन की सबसे पुष्ट खुराक है, यह नहीं मिलती, तो वैषम्य के संसार में शान्ति दुर्लभ है।

पूछकर ताँगेवाले ने प्रभाकर के मकान के सामने रोका। अलका उतर गई। प्रभाकर बैठा था। आज तक ऐसा आश्चर्य जीवन में उसे दूसरा नहीं देख पड़ा। ससंभ्रम जुबान से केवल निकला, ‘‘आप !’’

‘‘हाँ, आप मुझे देखकर आश्चर्य में हैं, पर शायद उन स्त्रियों के लिए, जो राह पर भीख माँगती हैं, आपको आश्चर्य न होगा। आपने सोचा होगा, आश्चर्य भी हमारी पराधीनता के मुख्य कारणों में से है।’’

इज्जत के साथ प्रभाकर ने कुर्सी खींचकर बैठने को दी। फिर विनयपूर्वक पूछा, ‘‘आपका नाम ?’’

मुस्कुराकर अलका ने जवाब दिया, ‘‘मुझे अलका कहते हैं। उस रोज वहाँ आपने बहुत अच्छा उत्तर दिया !’’

‘‘डिप्टी-कमिश्नर साहब आपके कोई होते हैं ?’’

‘‘ऐसे कोई नहीं होते, मेरे पिताजी के मित्र हैं और उनसे

कहकर मुझे कन्या-रूप ग्रहण किया है। पर अभी मैं अपने पिताजी की ही मातहत हूँ। उनसे पढ़ती हूँ। आप क्या मेरे पिताजी से एक बार मिल लेंगे ? आपको उन्हें देखने पर हर्ष होगा।''

''यह मैं आपकी ही सदाशयता से मालूम कर रहा हूँ। आपके पिताजी का शुभ नाम ?''

''पंडित स्नेहशंकर।''

''स्नेहशंकर ? जिन्होंने अँगरेजी में 'धर्म और विज्ञान' नाम की पुस्तक लिखी है ?''

''जी हाँ, उनकी कई और भी किताबें हैं।''

''मैं अवश्य उनके दर्शन करूँगा। मेरा सौभाग्य है, जो उनकी कन्या मुझे दर्शन देकर यहाँ कृतार्थ करने पधारीं। मैंने उनकी एक ही पुस्तक पढ़ी है, और ऐसे मार्जित विचार की दूसरी पुस्तक नहीं देखी।''

अलका प्रसन्न है। कपोलों पर रह-रहकर मुस्कुराहट आ जाती है।

''आप-जैसी सहृदया विदुषियों को भारत की अशिक्षा से ठुकराई हुई समाज की उपेक्षित स्त्रियाँ करुणा-कंठ से प्रतिक्षण अशब्द आमन्त्रण दे रही हैं।'' व्यथा से भरी भारी आवाज में प्रभाकर ने कहा।

''क्या आपको मेरी सेवा की ऐसे समय जरूरत होगी ? यदि कभी हो, आप मुझे आज्ञा देने में संकोच बिलकुल न करें। मुझे आपकी आज्ञानुवर्तिता से सुख होगा...'' आँखें झुका प्राणों के पूर्ण दानवाले शान्त संयत स्वर से अलका ने उत्तर दिया।

प्रभाकर को जान पड़ा, यह प्रभा स्वर-मात्र से उसे स्वर्गीय कर दे रही है। नारी-चरित्र का जो चित्र आँखों के सामने आया, चिरकाल तक प्रोज्ज्वल कर रखनेवाली पवित्र शक्ति प्राणों के समीर-कोष में भर गया, जैसे सभी तत्त्वों के एक बीजमन्त्र ने अपनी विभूति का क्षणिक संसार समझा दिया हो, और वह ऐश्वर्य से एकमात्र सत्य में बदलकर स्थायी हो गया हो !

प्रभाकर बोला, ''मैं आपकी इतनी उक्ति-मात्र से आपका दासानुदास बन गया हूँ।''

अलका हँस पड़ी। बोली, ''ज्यादा भक्ति अच्छी नहीं होती।

पिताजी कहते हैं, यदि मनुष्य के रूप में होंगे, तो इष्टदेव में भी भक्त को दोष दिखलाई पड़ेंगे। इसलिए फिर एक रोज मेरे किसी दोष पर आपको मुझसे ऐसी ही घृणा हो जाएगी। आप देशभक्त हैं, इसलिए भावुकता की मात्रा आपमें कुछ अधिक है।"

प्रभाकर ने भी रसिकता की, "झुकी हुई नजर उठती ही है, आप ठीक कह रही हैं, पर उसका अर्थ भी बुरा नहीं लगाया गया। दोष को व्यापक विचार से देखने पर मृत्यु के जीवन की तरह वह गुण हो जाता है।"

"आप तो बड़े पक्के दार्शनिक जान पड़ते हैं।"

"चूँकि बिना दर्शन के पग-पग पर चोट खाने का डर है।"

"पर जहाँ पग रखनेवाली गुंजाइश न हो ?"

"वहाँ रास्ता बताने के लिए आप लोग हैं।"

अलका लज्जित हो गई। प्रभाकर भर गया आनन्द में। निश्चल कुछ देर तक अपने में लीन बैठा रहा। फिर कहा, "आपकी मुझे जरूरत है। मैं यहाँ के कुलियों की स्त्रियों के लिए एक नैश पाठशाला उनकी खोलियों के पास खोलना चाहता हूँ। आप केवल दो घंटे, शाम सात बजे से नौ बजे तक, दीजिए। पर आप इतना कष्ट..."

"हाँ, स्वीकार कर सकूँगी। मेरी दीदी तो ऐसा ही करती हैं, और इस काम में उन्हें आनन्द मिलता है। मेरे पिता ने मेरी शिक्षा का श्रीगणेश इसी विचार से किया था। उनसे कहकर मैं आज्ञा ले लूँगी।"

"पर मुझे अगर सजा हो जाए, तो आपका काम..."

"आपको सजा न हो, मैं इसके लिए डिप्टी-कमिश्नर साहब से कोशिश करूँगी।"

प्रभाकर लज्जित हो गया। जैसे उसका सिर उठा रखनेवाली सारी शक्ति इस एक बात में सीता की तरह अपमान के भार से पाताल में समा गई। बोला, "मैं आपसे सबसे पहले यही विनय करता हूँ कि आप मुझे बचाने के लिए एक बात भी डिप्टी-कमिश्नर साहब से न कहें। देश के इस उद्देश्य में आपके भाग लेने पर डिप्टी-कमिश्नर साहब समझाने की अपेक्षा ज्यादा समझेंगे और इस समझ से, मेरे जेल जाने पर काम करते रहने की अपेक्षा अधिक फल होगा, और उन लोगों को भी, जो मुझसे कुछ सीखते हैं, अब

से एक गहरी सीख मिलेगी।''

शान्त शिखा-जैसी बैठी हुई प्रभाकर की प्रभाव छोड़नेवाली शब्दावली अलका सुनती रही। इस पर कुछ कहनेवाली कायदे की बात थी ही नहीं। सुनकर श्रद्धा की आँखों को एक बार देखा, और पलकें झुका लीं।

भाव के भार से संभ्रम अलका को उभारकर हलके वातावरण में ले आने के विचार से प्रभाकर ने कहा, ''आप मुझे मिलीं, यह जेल जाने के फल से ज्यादा मिला। साधना में इससे बड़ी सिद्धि मैं नहीं चाहता, मुझे उस पर विश्वास भी नहीं।''

हलकी हँसी से अलका के होंठ रँग गए। कहा, ''साधक से यदि अधिक साधना लेने की मेरी इच्छा हो, तो साधक अपनी तरफ से अवश्य कुछ नहीं कह सकता।''

''नहीं कह सकता, अवश्य साधना के खंडित हो जाने का भय न हो।''

''सिद्धि पाए हुए साधक की साधना विघ्नों में भी निर्विघ्न रहती है,'' कहकर अलका उठकर खड़ी हो गई।

''क्या आप जाना चाहती हैं ?'' प्रभाकर ने भी उठकर पूछा।

''हाँ,'' सभक्ति, सहास नम्र अलका ने कहा।

''अच्छा, तो आज्ञा दीजिए कि गणों के साधक को गणेश की सिद्धि के दर्शन होंगे।'' प्रभाकर ने प्रार्थना की।

''मैं कल भी इसी समय यहाँ आऊँगी, अगर आपको कोई दिक्कत न हो।''

''नहीं, मुझे कोई दिक्कत नहीं होगी, बल्कि मैं कृत-कल्प हूँगा। हाँ, समय तो नहीं है, पर क्या आपको आपके घर तक छोड़ आऊँ ?''

''हाँ, मैं ले चलने के लिए ही आई थी, मेरे पिताजी को देखिए।''

दोनों ताँगे पर बैठकर चले।

चौबीस

"अलका दीदी मुझे बड़ी अच्छी लगती हैं, मुझे खूब प्यार करती हैं।" वीणा ने वीणा-कंठ से अजित से कहा।

"यह तारीफ तो बहुत बार कर चुकी हो।" कुछ सोचते हुए कुछ रुखाई से जैसे अजित ने कहा।

"एक तेज बाबू हैं, वह इन्हें बहुत चाहते हैं।"

"हूँ।" अजित सोचता रहा।

"पर यह ऐसा बेवकूफ बनाती हैं कि समझकर भी नहीं समझता।"

"हूँ।" अजित पेंसिल-कागज लेकर एक नक्शा बनाने लगा।

"पर एक नेता प्रभाकर हैं, उन्हें यह चाहती हैं।"

अजित ने एक त्रिकोण बनाया, और हर कोण में एक बात लिखकर उसकी चाल दूसरे कोण की तरफ की।

" 'वह आए थे। पिताजी से बड़ी देर तक बातचीत हुई।' अलका दीदी कहती थीं।"

अजित ने कहा, "हम लोग बहुत दिनों तक यहाँ नहीं रह

सकते। हमें जल्द अपना काम ठीक कर लेना है।''

''तो मेरी बात तुमने नहीं सुनी ?''

''पहले तुम मेरी बात तो सुन लो, फिर तो मुझे तुम्हारी ही बातें जिन्दगीभर सुननी हैं।''

वीणा मन से नाराज हो खुश हो गई। अजित ने कहा, ''यह देखो, यह नई साड़ी, शमीज, लेडी मोजे और जूते तुम्हारे लिए कीमती देखकर ले आया हूँ। पाउडर, सेंट वगैरा तो होंगे ही। अपने लिए भी अच्छा अँगरेजी सूट खरीद लिया है। आज चलकर जरा राजा साहब से मिलना है। जितनी अँगरेजी जानती हो, बीच-बीच में लड़ा देना।''

वीणा आनन्द से छलकती, तानमुरकी-सी आशिरश्चरण काँप उठी। पुलकित प्रवालोज्ज्वल आँख से प्रिय को देखती हुई बोली, ''मुझसे न होगा।''

''होगा क्यों नहीं, होना ही होगा, और कभी-कभी अपनी उसी सुरक्षित ब्रह्मशिरा शक्ति का आँख से उपयोग अर्थात् कसकर प्रहार कर दिया करना।''

अजित ने तमाम अंगों से उसे गुदगुदा दिया। खिलकर, अजित को पकड़कर हिलती हुई बोली, ''मुझसे हरगिज ऐसा न होगा, अभी से बतला देती हूँ, उसके यहाँ मैं नहीं जाती।''

''देखो,'' अजित ने गम्भीर होकर कहा, ''वक्त पर गधे को बाप कहा जाता है।''

''तो आप बाप कहिए, मुझसे न होगा।''

''देखो, धोबी के साथ चाहे कुछ बगावत करें, पर धोबिन के हाथ गधे बराबर सधे रहते हैं, यानी इतने समझदार होते हैं। किसकी बात पर कान-पूँछ न हिलाना चाहिए, इतना वे भी जानते हैं।''

''तभी तो कहती हूँ, तुम मेरी बात मान जाओ।'' हँसकर वीणा दूसरी तरफ चल दी।

अजित कुछ अप्रतिभ होकर सँभल गया। कहा, ''तुम व्यर्थ के लिए इतना चौंकती हो। तुम लोगों को यथार्थ तत्त्व यूरोपवाले समझते हैं। वे तुम्हारे मुखों को महत्त्व में हुक्का मानते हैं, जो सहस्रों मुखों से चुम्बित होकर भी चिर-पवित्र रहता है।''

''अर्थात् ?'' कुछ रुखाई से वीणा बोली।

"अर्थात् वंशी की फूँकवाला छेद जिस तरह होंठ-होंठ से लगने पर भी अपवित्र नहीं माना जाता, उसी तरह स्त्री का मुख है। कृष्णजी की वंशी में यही रूपक है। वह सोलह हजार गोपियों के मुख इसीलिए चूम सकते थे, और चूमकर पवित्र कर देते थे, क्योंकि उन्हें वंशीवाला तत्त्व मालूम था।"

कुछ अप्रतिभ-सी होकर वीणा रोने लगी। अजित आँसू पोंछने लगा। कहा, "तुम नाराज हो गईं ! मैं जरा नास्तिक हूँ, इसके लिए तुम्हें बराबर क्षमा करते ही रहना होगा। पर तुम्हारा धर्म तो यही है—जहाँ पति हो, वहाँ सती भी हो। इसलिए अब साथ चलकर इस यज्ञ में अपना आधा काम पूरा करो। आज्ञा हो, तो मैं ही वेशकारी बनकर देवी को सजा दूँ ?" कहकर आँचल का एक भाग धीरे से खींचा।

पकड़कर, कुछ प्रसन्न होकर, वीणा ने कहा, "मैं पहन लेती हूँ।"

"तुम व्यर्थ नाराज हो गईं," अजित ने कहा, "स्वभाव में जितने भाव हैं, सब रहते हैं। समय पर उनका उपयोग करना किसी पाप में दाखिल है, यह मेरी समझ में नहीं आया, शायद कभी आएगा भी नहीं। फिर यह नाटक ऐसा है, जिसकी तुम्हीं प्रधान अभिनेत्री बन सकती हो। अब कहो कि मेरा कौन-सा कसूर था ?"

वीणा मोजे पहन रही थी। आँखों में चपल मुस्कुराई।

अजित ने कहा, "बहादुरी तो बहुत पहले से स्त्रियों को ही मिली हुई है। 'साहस षड्गुणञ्चैव', छगुनी हिम्मत स्त्रियों में पुरुषों से ज्यादा है, अवश्य 'लज्जाचापि चतुर्गुणा'—यह भी कहा गया है, पर हिम्मत में लाज से ड्योढ़ा बल ज्यादा है, इसलिए जब चाहें, स्त्रियाँ हिम्मत से लाज को दबा सकती हैं।"

वीणा जूते पहनकर, कपड़े बदलने और राग कर लेने के लिए दूसरे कमरे में चली गई।

अजित बैठा सोच रहा था कि स्कीम किस तरह पूरी हो।

खूब सजकर वीणा बाहर निकली। एक बार जी भरकर अजित देखने लगा। मुस्कुराकर वीणा ने पूछा, "कहीं कोई त्रुटि तो नहीं रही ?"

उठकर अजित ने सिर की साड़ी एक बगल कर पिन लगा दी।

मनीबैग दे दिया। ताँगा बाहर खड़ा था, दोनों बैठ गए।

अजित रॉयल होटल के पते से एक पत्र अँगरेजी में नीरजा के नाम से लिखकर पिछले दिन पोस्ट कर चुका था और एक कमरा किराए पर लेकर, ईंटें भरकर दो-तीन कीमती केस और बॉक्स, कुछ नए कपड़े बाहर से हिफाजत से लपेटकर रखकर वक्त पर भोजन कर, कुछ देर तक अपने अस्तित्व के प्रमाण मजबूत कर चला आया था।

राजा मुरलीधर समय देखकर नीरजादेवी की प्रतीक्षा में बैठे थे कि आगे-आगे नीरजादेवी और पीछे-पीछे उनके सिकत्तर साहब आते हुए देख पड़े। बेयरा ने खबर दी। आधुनिक कायदे से महिलाओं को सम्मान देनेवाले राजा साहब ने कुछ कदम बढ़कर स्वागत किया।

राजा साहब के साथ मोहनलाल भी थे। अजित ने अँगरेजी में पूछा, ''क्या मैं मिस जस्टिस लेले से आपको राजा मुरलीधर साहब के नाम से परिचित करूँ ?''

''कीजिए।''

अजित ने वीणा से अँगरेजी में परिचय कह दिया। वीणा कुछ समझी नहीं, सिर्फ सिर हिला दिया, और मिलाने को बढ़े हुए राजा साहब के हाथ से हाथ मिलाया।

तमाम बातें अजित ही कहने लगा–मिस साहिबा अभी दो महीने हुए, विलायत से लौटी हैं। वहाँ पढ़ती थीं। लखनऊ घूमने आई हुई हैं। अच्छी मोटर यहाँ किराए पर नहीं मिलती। यहाँ के गेट्स इन्हें बहुत पसन्द हैं। सड़कें बड़ी अच्छी हैं। काफी सफाई रहती है। पार्क खूब बड़े-बड़े हैं। जस्टिस लेले ने लखनऊ के राजा और तअल्लुकेदारों में आपकी बड़ी तारीफ अपनी पुत्री से की है। पहले एक बार वह आए थे, तब राजा साहब के पिता थे, उन्होंने जस्टिस साहब की बड़ी मेहमानदारी की थी।

राजा साहब ने स्वभावतः वैसी खातिर करने का वचन दिया।

मौका देखकर अजित ने एक बार सबूट पद धीरे-से पटक दिया। सुनकर सिखलाई वीणा ने कहा, ''थैंक्स !''

जो दृष्टि कहने का प्रयत्न करती है, वह हृदय से स्वतः उठे हुए शब्दों की तरह नहीं कहती, उसी व्यवहारवाली सकाम दृष्टि से राजा साहब कह रहे थे, ''मैं तुम्हारा हूँ,'' और जो दृष्टि छलकर

अपने मार्ग से धारा की तरह बह जाती है, उससे वीणा ने उत्तर दिया, "मैं तुम्हारी हूँ।"

काम मनुष्य को स्थिति से स्खलित कर बहा ले जाता है, जहाँ से उसे एक रोज उसी जगह लौटना पड़ता है, जहाँ से वह चला था—यदि कभी जीवन में सुअवसर प्राप्त हुआ; नहीं तो एक जीवन के लिए इसी तरह मनुष्य पथ-भ्रष्ट होकर नष्ट हो जाता है।

बातचीत कर चलते समय अजित ने राजा साहब से कहा, "रात आठ बजे मिस नीरजा साहिबा आपको आने के लिए आमंत्रित करती हैं।"

राजा साहब ने सविनय प्रस्ताव स्वीकृत किया। अभिवादन आदि करके वीणा और अजित ताँगे पर बैठे।

राजा साहब ने अर्थ लगाया, यूरोप में रही हैं, पूरी छटी हैं, पर सभ्यता से चुपचाप बैठी रहीं।

मोहनलाल ने कहा, "जाइए, मिस साहिबा का न्यौता है," कहकर मुस्कुराया।

होटल में सिर्फ अजित का नाम विक्रम लिखा था।

अच्छी पार्टी हुई। राजा साहब को खूब खिला-पिलाकर कुमारी नीरजा ने विदा किया। ड्राइवर और अर्दली सँभालकर राजा साहब को ले गए। प्रातःकाल उन्हें पता चला, उनके कोट की जेब खाली है। होटल में पता लगाया, वहाँ कोई न था। पिस्तौल और गोलियाँ चुरा ली गईं।

पच्चीस

इधर कुछ दिनों से प्रभाकर के प्रस्ताव के अनुसार रोज दो घंटे के लिए कुलियों की खोलियों में उनकी स्त्रियों को पढ़ाने के लिए अलका जाया करती है। कन्या का रुख देखकर स्नेहशंकरजी ने आज्ञा दे दी है। डिप्टी-कमिश्नर साहब को मालूम होने पर कुछ नाराज हुए और डरे भी। अलका ने कह दिया, "यदि आप ऐसी पुत्री की तलाश में हों, जो पुन्नाम नरक में आपके लिए स्थायी वास-स्थल तैयार कर सके, तो मुझसे उस प्रयोजन की आशा न रखें।" तब से डिप्टी-कमिश्नर साहब कभी-कभी वैदिक सम्पत्ति की रक्षा के लिए भी सोचते हैं।

राजा मुरलीधर बहुत दिनों तक अलका की आशा-आशा में रहे। आशा की नाव को खेनेवाले मल्लाह उन्हें पार कर स्वयं पैसे से निराश नहीं होना चाहते थे, इसलिए अपार सागर में वे केवल खेते थे, और मास्टर मोहनलाल भी आज तक दस लेकर बीस लिखते आए थे, उन्हें देर के लिए दिक्कत न थी, जबकि तअल्लुके की आमदनी सत्य के अस्तित्व की तरह चिरंतन थी, और नौकरी बालू

की भीत। दीर्घकाल तक जब कोई उपाय न मिला, केवल उपाय करनेवालों की संख्या बढ़ती रही, तब आप-ही-आप राजा साहब ने एक दिन महादेवप्रसाद को याद किया। आने पर खुद अपना मतलब समझाया और अपने कमरे से अलका को पहचान लेने के लिए दिखाया। यह भी कह दिया कि यह डिप्टी-कमिश्नर साहब के यहाँ अकसर जाया करती है। महादेव ने अच्छी तरह देखा, फिर राजा साहब की दूरबीन उठाकर देखा, देखकर दंग रह गया।

''कुछ तअज्जुब में हो,'' राजा साहब ने कहा, ''तअज्जुब की चीज ही है।''

''हुजूर !'' महादेवप्रसाद ने एक बार फिर दूरबीन से देखकर कहा, ''यह तो वही शोभा है, जो भग गई थी !''

''ऐं ! वह है !'' राजा साहब आश्वस्त होकर बोले। जिस स्वर में दूसरी यह ध्वनि होती है कि हमारी रियाया है, हम जब चाहें, भोग कर सकते हैं।

''हाँ, सरकार, वही है, फर्क कहीं जरा-सा नहीं दिख रहा। क्या हुजूर जानते हैं, यह मकान किसका है ?''

''उसी सनेहसंकरा का है।''

''हुजूर, वही है यह। स्नेहशंकर हमारे यहाँ से कुछ ही फासले पर तो रहते हैं। जरूर इन्होंने इसे भगाया होगा। एक सावित्री-सावित्री कहकर इनके यहाँ है, वह भी भगाई हुई है, लोग कहते हैं। इसको ले आना कौन बड़ी बात है ?''

कोई बड़ी बात नहीं, राजा मुरलीधर के हृदय में प्रतिध्वनि हुई।

अलका अब पढ़ाने के लिए रात को रोज आती है, यह ताड़कर महादेव ने कहा, ''मोटर पर आप बैठ लीजिए, कुलियों की खोली के उधरवाला रास्ता आठ-नौ बजे तक एक तरह बन्द हो जाता है, ताँगेवाले को मैंने साधकर मुट्ठी में कर लिया है, वह भी मदद करेगा। दो सिपाही ले चलें, बस, पकड़कर मोटर पर बैठाल लेंगे, और सदर लेते चलेंगे; फिर वह तो वह, उसके देवता अपने काबू में हैं।''

मुरलीधर को बात जँच गई। आज की रात का निश्चय हो गया।

नौ बजे अलका लौटी। अलका के चल चुकने के बाद प्रभाकर चला। कुछ दूर तक एक ही रास्ता चलकर प्रभाकर को घूमना पड़ता

था। अलका ताँगे पर आती-जाती थी, प्रभाकर पैदल।

ठीक स्थल पर ताँगा रुका। राह निर्जन हो रही थी। दो आदमी आए, और एक-एक हाथ पकड़ लिया। अलका पहले से जानती थी कि उस पर अत्याचार होगा, इसलिए बहुत ज्यादा नहीं चौंकी। एक बार मुँह देख लिया। लोगों ने खींचा। वह चली गई। मोटर पर लोगों ने बैठाल दिया। मोटर चली, तो हाथ ढीले कर दिए। मालिक की नमकहलाली के प्रमाणस्वरूप मालिक की बगल में ही उसे ला बैठाला था। मालिक ने मुस्कुराकर कहा, ''बड़ी मिहनत ली। अबके दोबारा तुम्हें पाने की तैयारी की।''

''बड़ी मिहनत ली। अबके दोबारा तुम्हें पाने की तैयारी की,'' कहकर जेब से निकाल ठीक छाती पर पिस्तौल दाग दी।

धड़ाका, खून का फव्वारा, ड्राइवर और सिपाहियों का बेहोश होना और सामने से एक पेड़ से टकराकर मोटर का टूटना जैसे एक साथ हुआ।

अलका पूरी शक्ति से सचेत और सक्रिय थी। मोटर टकराने और मुरलीधर की चीख के साथ पिस्तौल वहीं फेंककर, कूदकर जमीन पर आ गई। जल्द चलना चाहा। कुछ कदम चली, तो शक्ति की अधिकता से पैर और तमाम देह बिजली से जैसे बँध गए। काँपकर गिर गई।

रात के सन्नाटे में गोली की आवाज और चीख आते हुए प्रभाकर को सुन पड़ी। निकट जाकर वह उसी तरफ मुड़ा। कुछ दूर चलकर देखा, अलका बेहोश पड़ी थी। सब अंगों से सन्न हो गया। मोटर एक पेड़ से भिड़ी पड़ी थी। पड़े हुए लोगों का चित्र देखकर उसे कारण तक पहुँचने में देर न हुई, यद्यपि गोलीवाली बात उसकी समझ में नहीं आई। अलका को घटना के फैलने और लोगों के आने तक निरापद कर देने के विचार से अकेला सँभालकर कुलियों की खोली की ओर उठाकर ले चला। अलका भी मूर्च्छित हो गई थी। प्रभाकर लिए जा रहा था, इसी समय अलका को होश हुआ।

''छोड़ दो।'' झिड़ककर तेजी से कहा।

''आप अभी स्वस्थ नहीं हैं।''

''मुझे खड़ी कर दीजिए, मैं इस तरह नहीं जाना चाहती।''

प्रभाकर सँभालकर खड़ी करने लगा, पर पैर काँप रहे थे।

उसे फिर गिरने से पहले पकड़ लिया। कहा, "आप मुझे क्षमा करें, आप स्वयं नहीं चल सकतीं।"

"मुझे यहीं लिटा दीजिए, और कोई ताँगा ले आइए।" रूखे भाव से अलका ने कहा।

प्रभाकर लाचार हो गया। वहीं अपने कुर्त्ते पर लेटाकर कुलियों की खोली की तरफ गया। घटनास्थल से काफी दूर आ चुका था। एक कुली को रास्ते पर पीपल के पेड़ के पास जल्द ताँगा ले आने के लिए कहकर लौट आया।

अलका की हालत सुधर रही थी। प्रभाकर धोती के छोर से हवा कर रहा था। इसी समय ताँगा लेकर कुली आया। ताँगे पर सँभालकर प्रभाकर अलका को घर ले आया, और जैसा देखा था, स्नेहशंकर से बयान किया। उस समय स्नेहशंकर ने प्रसंग पर कुछ भी न कहा, सिर्फ उस रात को रहकर अलका की सेवा के लिए प्रभाकर से अनुरोध किया।

रात-भर जगकर प्रभाकर ने अलका की सेवा की। प्रातःकाल शान्ति उदास होकर सामने आ खड़ी हुई, कहा, "दीदी, पिस्तौल दे दो, वह इसके लिए मुझसे नाराज हैं।"

"पिस्तौल का काम मैंने पूरा कर दिया है," धीरे से अलका ने कहा।

शान्ति को लेकर आज अजित कानपुर जानेवाला था। पिस्तौल लेने के लिए उसे भेजकर पीछे-पीछे खुद भी आया। स्नेहशंकर भी अलका के पास आकर बैठे थे।

प्रभाकर गुलाब की पट्टी बदल रहा था। उसी समय अजित आया।

देश, काल और पात्र का कुछ भी विचार प्रभाकर को देखकर उसे न रहा, "विजय ! तुम कहाँ रहे भाई !" कहकर उच्छ्वसित बाँहों में भर, झर-झर-झर बहते हुए आँसुओं के निर्झर से अपने चिर-वियोग के दाह को शीतल करने लगा। अलका उठकर बैठ गई। स्नेहशंकर सविस्मय खड़े हो गए।

"तुम्हें वही किसान फिर बुला रहे हैं भाई ! क्षमा माँगी है, और क्या कहूँ, कितने प्रयत्न किए, पर शोभा शायद सदा के लिए चली गई !"

छब्बीस

अदालत में साबित हुआ कि शराब के नशे में राजा मुरलीधर ने खुदकुशी की है; पिस्तौल और गोली उन्हीं की हैं।